구원을 위한
성령의
역할

The Role of the Holy Spirit for Salvation

홍 성 철
John Sungchul Hong

세계복음화문제연구소
(The World Evangelization Research Center)는
한국 교회가 세계 복음화를 위하여
한 모퉁이를 담당해야 한다는 사명으로 사역하고 있습니다.

이 도서에 실린 모든 내용은
세계복음화문제연구소의 **도서출판 세 복**이 출판권자이므로,
학문적 논문의 인용을 제외하고는
본 연구소의 동의 없이 무단 복제할 수 없습니다.

구원을 위한 성령의 역할
The Role of the Holy Spirit for Salvation

지 은 이   홍 성 철
발 행 인   홍 성 철
초판 1쇄   2023년 10월 26일

발 행 처   **도서출판 세 복**
주   소   경기도 파주시 문발로 123
전   화   070-4069-5562
홈페이지   http://www.saebok.kr
E-mail   werchelper@daum.net
등록번호   제1-1800호 (1994년 10월 29일)

총 판 처   솔라피데출판유통
전   화   031-992-8691
팩   스   031-955-4433

ISBN 978-89-6334-039-5 03230
값 12,000원

ⓒ 도서출판 세 복 2020

The Role of the Holy Spirit
for Salvation

John Sungchul Hong

Published in Korea
Copyright© 2023 Saebok Publishing House
All rights reserved.
Seoul, KOREA

CONTENTS

가끔 인터넷에 댓글만 남기던 사람이 추천사를 부탁받으니 마음이 떨립니다. 저는 이런 글을 남길 만한 자격이 되지는 않지만 먼저 이 글을 맛본 독자의 한 사람으로서 그냥 제가 읽고 느낀 바를 담담히 나누고자 펜을 들었습니다.

학사 겸 제사장 에스라!

제가 홍성철 교수님을 볼 때마다 생각났던 성경 인물입니다.

아시는 분은 이미 다 아시겠지만, 홍 목사님은 정말 에스라처럼 말씀에 탁월하신 분이시고, 말씀을 참 익숙하게 다루시는 분이시기 때문입니다. 참으로 부럽습니다. 이번 책에서도 홍 목사님은 말씀에 탁월한 노학자의 멋과 권위를 다시 한번 여실히 증명해 내셨다고 생각합니다.

예를 들어 저는 이 책을 통해 '중생'이라는 단어가 성경 전체에 1번, '성령 세례'가 7번, '보증'이라는 단어가 3번 나온다는 사실도 처음 알게 되었습니다. 사실 어디에서도 들어보지 못한 사실입니다. 말씀에 통달하지 않으면 쉽게 발견해 낼 수 없는 진리이기도 합니다.

어쩌면 구원의 여정 가운데 역사하시는 성령님을 많은 이들이 이미 잘 안다고 생각하는 주제일 수도 있습니다. 그런데 이 책이 고마운 것은 우리가 그동안 단편적으로 알아 온 것을 총체적으로, 세세하게, 그리고 온전하게 이해하도록 정리해 준다는 것입니다.

읽어 보면 알겠지만, 이 책은 구원과 관련된 개념들을 빠짐없이 설명합니다. 그리고, 그 과정에서 성령님의 역할을 깔끔하게 그리고 실천적으로 설명해 줍니다.

이 모든 과정을 통해 그동안 주먹구구식으로 이해했던 개념들을 체계적으로 그리고 새롭게 인식하게 만들어 줍니다. 무엇보다 감사한 것은 신선하고, 참신한 방법으로, 우리에게 와 닿게 설명해 준다는 것입니다.

누군가에게 가르침을 주려면, 그에 대한 이해와 경험이 남달라야 한다는데, 정말 홍 교수님은 이 책을 통해 본인이 구원의 여정에서 순간순간 역사하시는 성령님을 참으로 잘 이해하고 있다는 것을, 그리고 그분을 충만하게 경험해 왔다는 것을 여실히 증명하고 계십니다.

그래서 이 책을 기쁜 마음으로 추천합니다. 목회 현장에서 치열하게 구원의 문제를 고심하는 저에게는 '늘 곁에 두고 참고하고 싶은 책'이기 때문입니다!

아틀란타 벧엘교회
이 혜 진 목사

내가 성령에 대해 집중하게 된 계기가 몇 번 있었다. 첫 번째 계기는 내가 구원받은 지 대략 1년 5개월 후에 성령의 도가니에 빠진 경험이었다. 그 당시 나는 어떤 그리스도인을 심히 미워했는데, 성령의 충만을 경험한 후에 그 미움이 눈 녹듯 사라졌을 뿐 아니라 사랑하면서 끈끈한 교제를 나누었고, 사역도 같이했다.

두 번째 계기는 어느 교회에서 부흥회를 인도할 때였다. 평신도인 나는 혼자 감당하기 어려워 두 형제와 같이 인도했다. 그런데 그 교회를 좌지우지하는 기둥 집사가 마지막 날 밤 집회에서 구원을 받게 되었는데, 그를 휘어잡고 있던 귀신이 쫓겨났다. 나중에 알게 된 사실인데, 그 집사는 여러 목사들을 괴롭혔고 또 쫓아냈다는 것이다.

세 번째 계기는 죠이선교회 여름수련회에서 경험한 성령의 충만이었다. 그 수련회는 참으로 냉랭했는데, 마지막 날 밤 성령이 강권적으로 역사하셨다. 그날 온종일 여러 청년과 상담하느라고 식사를 하지 못했다. 그런 나에게 설교하라는 명령이 떨어졌고, 얼떨결에 요한복음 8장을 중심으로 설교했는데, 성령이 회중 가운데 역사하시어 부흥이 일어났다.

그렇게 부흥이 일어나자 회중은 4시간여 동안 기도를 했는데, 많은 청년이 자진해서 뜨겁게 기도했다. 혹자는 그들의 죄를 회개하면서 통곡했고, 혹자는 그들을 찾아오신 성령을 찬양했다. 그 기도회 후에 간증 시간을 가졌는데, 자그마치 6시간 동안 이어졌다. 그곳에 운집한 250여 명의 청년들이 깨끗해졌고, 충만했고, 그리고 주님께 헌신했다.

그 이후에도 시시때때로 성령이 강권적으로 역사하시는 은총을 경험했다. 나는 성령 충만의 경험을 체계적으로 설명할 수 없었는데, 성령에 대해 알지 못했기 때문이다. 그러던 중 빌리 그레이엄Billy Graham의 『성령』The Holy Spirit이란 책을 읽게 되었는데, 그야말로 나의 눈을 크게 열어준 귀한 책이었다. 성령에 관한 한 그 책은 나에게 지침서요 교과서였다.

시간이 제법 흐른 후 또 다른 책을 만났는데, 영국 청교도를 대표하는 존 오언John Owen의 『성령: 은사와 능력』The Holy Spirit: His Gifts and Power이다. 저자는 그 책에서 성령의 역사에 대해 광범하게 다루었는데, 그 가운데 "새로운 창조, 곧 중생을 위한 성령의 역사"(The Work of the Holy Spirit in the New Creation, by Regeneration)가 나의 마음을 사로잡았다.

위에서 언급한 대로, 몇 번 성령의 충만을 경험한 후에 두 책을 통해 이론적으로도 정립이 되자, 나의 마음에 서서히 "구원을 위한 성령의 역할"이란 제목이 조성되기 시작했다. 그 이유는 간단했다! 구원만을 위한 성령의 역사를 다룬 책이 없기 때문이었다. 평생을 복음 전파에 바친 나는 사명감에 사로잡혔고 불타올랐다. 많은 기도와 연구에 매진하기 시작했다.

이 책을 쓰는 동안 성령님은 나에게 『구원을 위한 성령의 역할』을 깊이 깨닫게 해주셨다. 그 제목으로 성령님이 이모저모로 역사하시는 여러 국면을 정립하게 되었다. 이처럼 중요한 주제로 책을 쓸 수 있도록 인도하신 분은 두말할 필요도 없이 성령님이시다. 그리고 그 성령을 하나님 아버지에게서 받아 세상에 보내신 분은 구원의 주인공인 예수 그리스도이시다.

그러므로 이 저서는 앞선 나의 책, 『예수 그리스도의 피』와 더불어 "구원을 위한 두 기둥"이 될 것이다. 예수 그리스도가 피를 흘리며 죽지 않으셨다면, 어떤 죄인도 죄에서 깨끗해질 수 없다. 그런데 그렇게 깨끗해지는 역사에서 함께하면서 역사하시는 분이 있는데, 곧 성령님이시다. 그 성령의 임재와 역사가 없다면 어떤 죄인도 구주이신 예수 그리스도를 깨우칠 수 없기 때문이다.

하나님이 당신의 아들 예수 그리스도를 세상에 보내주시지 않았다면, 세상은 영원히 죄악 가운데 살다가 영원한 심판에 던져질 뻔했다. 그런데 하나님은 그 아들을 세상에 알리시기 위하여 성령을 보내셨다. 한 분은 인류의 구원을 위한 길을 마련하셨고, 또 한 분은 그 길을 인류에게 알려주고 있다. 참으로 놀라운 하나님의 방법이자 지혜였다.

이 저서를 마치면서 고마운 분들을 언급하지 않을 수 없다. 먼저 감사드리는 분은 이 저서의 추천사를 보내주신 이혜진 목사이다. 그분은 애틀랜타 지역에서 교회를 개척한 지 7년 만에 1,900명의 성도를 가진 대형교회로 성장시킨 분이다. 그 교회가 급성장하는 원인이 여러 가지겠지만, 가장 두드러진 원인은 역시 성령의 임재와 역사였다.

나의 저서『나의 주님, 나의 인생』에서 이미 언급한 것처럼, 이혜진 목사는 기도의 용사prayer warrior이다. 그분의 기도는 엄청난 능력과 전염성을 지니고 있다. 능력은 성령의 능력으로, 그로 인해 교회가 폭발적으로 성장하고 있다. 기도의 전염성으로 인해 많은 교인이 기도의 용사들로 탈바꿈하고 있다. 그들의 기도는 그 교회를 성령의 도가니로 이끌고 있다.

본서『구원을 위한 성령의 역할』은 구체적으로 성령의 역사를 통해 영혼들이 구원받는 과정을 제시했는데, 이 저서의 추천사를 이혜진 목사보다 경험적으로 더 잘 쓸 수 있는 분은 찾기 쉽지 않을 것이다. 그는 목회에 혼신을 바치는 참 목자인데, 없는 시간을 쪼개어 추천사를 써서 보내주었다. 참으로 고마운 마음이다!

최고로 고마우신 분은 두말할 필요도 없이 창조자이며 구속자이신 하나님이시다. 그분은 나 같은 죄인을 구원하시기 위해 예수 그리스도를 나의 구주로 보내주셨다. 그렇게 구원받은 나를 성령으로 충만하게 하시고, 성령의 조명으로 말씀을 깨닫고 적용하게 하셨다. 그 열매 가운데 하나가 『구원을 위한 성령의 역할』이다. 영원한 감사와 찬양을 하나님께 올려드린다.

영어

- *Born of the Spirit* (Emeth Press)
- *John Wesley the Evangelist* (Emeth Press)
- *The Great Commission: Its Biblical Meaning and Application*
  (Evening Star Enterprise, Inc.)
- *The Genealogy of Jesus Christ: Evangelistic Sermon on the
  Covenant rom Matthew 1:1* (Emeth Press)
- *The Jewish Festivals and Jesus Christ* (Emeth Press)
- *A Collection of Life Stories*

포르투갈어 저서

- *verdades fundamentais do Cristianismo* (Editora Fôlego)

편저

- 『나는 어떻게 예수님을 만났는가?』
- 『회심 거듭남의 의미와 적용』
- 『복음주의 실천신학개론』
- 『전도학』
- 『선교세계』
- 『불교권의 선교신학과 방법』
- *How I Met Jesus*

번역서

- 『주님의 전도계획』 외 30권의 기독교 서적

하나님의 뜻은 인간의 구원이었다.
창조주이신 하나님은 인간을 당신의 형상으로 창조하셨고,
그 인간과 누구도 상상할 수 없을 만큼 긴밀한 교제를 즐기셨다.
그런데 그 인간이 그런 교제를 저버리고 말았다.
인간은 한편 하나님과의 교제를 거부했고, 다른 한편 사탄과 한계가
뻔한 교제를 나누었다. 하나님은 즉각적으로 그 인간과의 관계와 교제를
회복하기 원하셨는데, 그때부터 하나님은 창조주이실 뿐 아니라
구속자가 되셨다.
어떻게 교제를 회복하시겠단 말인가?
그 방법은 어떤 인간도 상상할 수도 없고 고안할 수도 없는
기이한 하나님의 지혜였다. 바울 사도의 증언이다.
"그러나 우리가 온전한 자들 중에서는 지혜를 말하노니,
이는 이 세상의 지혜가 아니요 또 이 세상에서 없어질 통치자들의
지혜도 아니요, 오직 은밀한 가운데 있는 하나님의 지혜를 말하는
것으로서 곧 감추어졌던 것인데 하나님이 우리의 영광을 위하여
만세 전에 미리 정하신 것이라" (고전 2:6-7).
하나님께만 있는 지혜는 당신의 아들 예수 그리스도와 성령이었다.
하나님은 인간을 구원해서 교제를 회복하기 위하여
먼저 그 아들을 세상으로 보내셨는데, 그분이 바로 구주이신
예수 그리스도였다. 그 후 하나님은 성령을 보내셨는데,
그 성령의 주된 역할은 하나님의 아들을 인간에게 증언하는 것이었다.
그 이유는 간단하다! 하나님을 떠난 인간은 그의 지혜와 방법으로는
하나님을 찾을 수도 없고, 더군다나 하나님과의 교제를
회복할 수 없기 때문이다.

1

세상을
위하여

1장 성령으로!

"형제들아! *신령한 것*에 대하여
나는 너희가 알지 못하기를 원하지 아니하노니,
너희도 알거니와 너희가 이방인으로 있을 때에
말 못하는 우상에게로 끄는 그대로 끌려 갔느니라.
그러므로 내가 너희에게 알리노니 하나님의 영으로 말하는 자는
누구든지 예수를 저주할 자라 하지 아니하고,
또 *성령으로* 아니하고는 누구든지 예수를 주시라 할 수 없느니라"
(고린도전서 12:1-3)

1. 머리

바울 사도는 이제부터 너무나 중요한 사실을 가르치겠으니 정신을 바짝 차리고 들어야 한다는 표현을 이렇게 했다. '나는 너희가 알지 못하기를 원하지 아니하노니….' 고린도 교인들은 도대체 무엇을 꼭 알아야 한다는 말인가? 한마디로 말해서 '신령한 것'에 대한 것이다. 바울 사도가 언급한 '신령한 것'은 다른 말로는 '영적인 것'이다. 더 구체적으로 표현하면 성령의 역사와 은사에 대한 것이다.

바울 사도는 고린도전서에서 '나는 너희가 알지 못하기를 원

하지 아니하노니…'라는 똑같은 표현을 사용하면서 중요한 구원의 도리를 가르친 적이 있었다 (고전 10:1). '우리 조상들', 곧 유대인들이 광야에서 소위 세례와 성찬에 참여하고도 그들 중 많은 사람이 멸망한 것처럼, 고린도 교인들도 그런 예식을 통해 구원을 경험했다고 여기면 큰일 난다는 것이다 (고전 10:2-11). 그들의 구원을 위해 절대적으로 성령의 역사와 내주, 곧 '신령한 것'을 경험해야 한다는 것이다.

2. 몸

바울 사도에 의하면, 고린도 교인들은 본래 우상을 섬기면서 예수 그리스도를 거부하던 이방인들이었다. 그런데 바울 사도의 전도를 통해 그들은 '신령한 것'을 넘치도록 받게 되었다. 고린도 교인들이 그처럼 '신령한 것'을 선물로 받은 것은 말할 수 없는 하나님의 은혜였다 (고전 1:4). 그것이 왜 하나님의 은혜였는지 바울 사도는 그렇게 짧은 본문에서 세 가지로 설명했는데, 그것들을 차례로 살펴보자.

1) 이방인에서 그리스도인으로!

고린도 교인들이 '신령한 것'을 경험하기 전에는 이방인이었다. 이방인이라는 단어는 근본적으로 유대인이 아닌 사람들, 민족, 국가 등을 가리켰다. 그 단어가 영어로는 *gentile* 또는 *pagan*이다. *gentile*은 유대인이 아닌 모든 민족을 가리키나, 그 뜻이 확대되어 그리스도인이 아닌 사람을 가리키게 되었다. *pagan*은 민족의 개념보다는 종교의 개념이 들어있는 단어로서, 비기독교인 또는 이교도異敎徒를 가리킨다.

고린도 교인들은 '신령한 것'을 경험하기 전에는 하나님을 거부한 이교도들이었다. 그 사실을 그들도 너무나 잘 알고 있었다. 바울 사도의 확언이다. "너희도 알거니와 너희가 이방인으로 있을 때에 말 못하는 우상에게로 끄는 그대로 끌려 갔느니라." 그들이 이방인이었을 때의 모습은 그랬다. 그들은 우상에게로 끌려다닌 무기력한 존재였다. 그들은 진리와 이성에 이끌리며 삶을 영위하지 못하고, 욕정이 이끄는 대로 우상을 따랐다.

그뿐 아니라, 우상을 섬기는 지도자들이 이끄는 대로 속아서 따랐으며, 속아서 우상에게 절하며 물질을 바쳤다. 바울 사도가 사용한 '끌려 갔다'는 말은 끌려가서 속박되었거나 아니면 형벌을 받았다는 뜻이다. 일단 우상의 굴레에 묶이면 아무리 발버둥 쳐도 쉽게 빠져나오지 못한다. 그렇게 우상의 속박에서 사는 것이 형벌이 아니면 무엇이겠는가? 악령이 이끄는 대로 눈이 멀어 사물과 사리를 제대로 파악하지 못하는 동물과 같은 삶을 영위할 수밖에 없었다.

그렇게 어두움 속에서 헤매던 고린도 사람들에게 하나님의 종

바울이 찾아가서 예수 그리스도를 전파했다. 그 결과 그들은 '신령한 것'을 경험하고 우상의 속박에서 벗어나게 되었다. 바울 사도는 그들이 어떻게 '신령한 것'을 경험하게 되었는지 이렇게 간증했다. "내가 너희 중에서 예수 그리스도와 그가 십자가에 못 박히신 것 외에는 아무 것도 알지 아니하기로 작정하였음이라" (고전 2:2). 그처럼 예수 그리스도만을 전해서 그들은 '신령한 것'을 경험했는가?

물론 아니다! 그의 간증을 더 인용해보자. "내가 너희 가운데 거할 때에 약하고 두려워하고 심히 떨었노라. 내 말과 내 전도함이 설득력 있는 지혜의 말로 하지 아니하고 다만 성령의 나타나심과 능력으로 하여, 너희 믿음이 사람의 지혜에 있지 아니하고 다만 하나님의 능력에 있게 하려 하였노라" (고전 2:3-5). 위의 간증에 따르면, 바울 사도가 예수 그리스도를 전할 때 '성령의 나타나심'이 있었다. 그 결과 그들은 '신령한 것'을 경험했다는 것이다.

2) 우상에서 예수로!

고린도 사람들이 끌려갔던 우상은 도대체 어떤 모습이었나? 바울 사도는 '말 못하는 우상'이라고 묘사했다. '말을 할 수 없는 우상'은 인격이 없고, 그 자신을 표현할 수 있는 언어도 없다는 뜻이다. 당연히 '말 못하는 우상'은 그를 추종하는 숭배자들에게 그 뜻을 알려줄 방법이 없다. 바울 사도는 '우상은 세상에 아무 것도 아니며'라고 확언했다 (고전 8:4). 인격이 없는 우상은 인간이 만든 조각품에 불과하다는 것이다.

시편 기자가 우상에 대해 제법 상세히 묘사한 것을 인용해보자. "그들의 우상들은 은과 금이요, 사람이 손으로 만든 것이라; 입이 있어도 말하지 못하며, 눈이 있어도 보지 못하며, 귀가 있어도 듣지 못하며 코가 있어도 냄새 맡지 못하며, 손이 있어도 만지지 못하며, 발이 있어도 걷지 못하며, 목구멍이 있어도 작은 소리조차 내지 못하느니라. 우상들을 만드는 자들과 그것을 의지하는 자들이 다 그와 같으리로다" (시 115:4-8).

그런데 고린도 사람들이 예수 그리스도와 성령을 통해 '신령한 것'을 경험하자, 그들은 '하나님의 영으로 말하기' 시작했다. 우상을 섬기는 사람들과 얼마나 다른가? 그뿐 아니다! 우상은 말을 할 수 없으나, 그들이 섬기는 주님은 어떤 때는 직접 말씀하시기도 하고 어떤 때는 사람들을 통해서 말씀하신다. 인격적인 예수 그리스도를 믿은 인격적인 고린도 교인들이 주님과 인격적인 대화를 하기 시작했다는 말이다.

어떻게 '말 못하는 우상'을 섬기던 고린도 사람들이 예수 그리스도를 '주'시라고 할 수가 있었는가? 어떻게 그렇게 혁혁한 변화가 있었는가? 두말할 필요도 없이 성령의 역사와 내주를 통해서 변화한 것이다. 바울 사도의 말을 직접 들어보자. '…또 성령으로 아니하고는 누구든지 예수를 주시라 할 수 없느니라.' 그들이 성령을 통해 '신령한 것'을 경험했다는 뜻이다. 물론 바울 사도는 그들에게 예수 그리스도의 구속적인 죽음도 전했다 (고전 1:23).

그러나 바울 사도가 아무리 십자가를 전해도 성령의 역사가 없었다면 고린도 사람들은 결단코 예수 그리스도를 주님으로 받아들이지 못했을 것이다. 위에서 인용한 것처럼, '성령으로 아니하고는 누구든지 예수를 주시라 할 수 없기' 때문이다. 그렇다! 성령의 주된 사역 가운데 하나는 예수 그리스도를 높이는 것이다 (요 16:14).

3) 저주의 예수에서 주님^{Lord}으로!

고린도 사람들은 예수를 저주할 자라고 비방했었는데, 어떻게 그 예수를 주시라 할 수 있었는가? 누누이 언급한 것처럼, 성령의 역사와 능력으로 가능했다. 바울 사도의 증언을 들어보자. "그러므로 내가 너희에게 알리노니 하나님의 영으로 말하는 자는 누구든지 예수를 저주할 자라 하지 아니하고, 또 성령으로 아니하고는 누구든지 예수를 주시라 할 수 없느니라." 그렇다! 성령의 내주로 그들은 '예수를 주시라'고 고백할 수 있었다.

비록 고린도 교인들이 그런 고백을 입술로 했지만, 그래도 그 출발점은 마음이었다. 달리 말하면, 마음이 성령의 내주로 변화되었기에 그런 신앙고백을 할 수 있었단 말이다. 바울 사도가 다른 곳에서 묘사한 대로이다: "사람이 마음으로 믿어 의에 이르고 입으로 시인하여 구원에 이르느니라" (롬 10:10). 물론 마음으로 믿지 않고 입술로만 시인하는 사람들도 없잖아 있다. 그러나 그들의 말은 진정한 신앙에서 우러나오는 순종과 예배가 따를 수 없다.

그 이유는 너무나 분명하다! 성령의 내주가 없는 마음은 하나님을 떠나있기 때문이다. 그런 이방인은 '마음의 허망한 것으로 행하며' (엡 4:17), '그들의 마음이 굳어짐으로 말미암아 하나님의 생명에서 떠나 있으며' (엡 4:18), '자신을 방탕에 방임하여 모든 더러운 것을 욕심으로 행한다' (엡 4:19). 비록 입술로는 '주여, 주여' 하지만, 하나님의 뜻과는 전혀 다른 삶을 살아가는 타락한 마음의 소유자일 뿐이다 (마 7:21).

그렇다면 하나님의 뜻은 무엇인가? 그 질문에 대한 대답을 바울 사도의 말에서 찾아보자. "네가 만일 네 입으로 예수를 주로 시인하며, 또 하나님께서 그를 죽은 자 가운데서 살리신 것을 네 마음에 믿으면 구원을 받으리라" (롬 10:9). 하나님의 뜻은 십자가에서 죽었다가 살아나셔서 생명과 죽음, 하늘과 땅, 현재와 미래의 통치자로 등극하신 예수를 주님으로 시인하고 받아들이는 것이다.

더군다나 주님이 '생명과 죽음', '하늘과 땅', '현재와 미래'의 주관자시라는 의미를 이해한다면, '누구든지 성령으로 아니하고는 예수를 주시라 할 수 없다!' 한발 더 나아가서 이 말씀에 들어있는 주가 구약성경의 여호와라는 사실을 알게 된다면, 더군다나 주시라고 할 수 없다. 인간의 모습으로 이 세상에 오셔서 십자가에서 죽으신 예수가 바로 여호와라니, 인간적으로는 절대로 시인할 수 없다. 성령의 능력과 내주로 변화된 사람만이 고백할 수 있다!

3. 꼬리

이방인이었던 고린도 사람들이 그리스도인이 된 것은 하나님의 영이 아니면 절대로 가능하지 않았다. 그뿐 아니라 우상을 섬기며 그 우상에게 끌려다니던 그들이 그 우상을 버리고 예수에게 돌아온 것도 인간의 결심으로 이루어진 인간의 작업이 절대로 아니었다. 그것도 역시 하나님의 영, 곧 성령의 역사였다. 그 성령의 역사로 그들은 '예수를 저주할 자라 하지 아니하고… 주시라'고 했다.

두말할 필요도 없이 바울 사도는 고린도에서 우상 숭배자들에게 예수 그리스도의 죽음과 부활을 힘있게 전했다. 그 메시지가 다름 아닌 복음의 핵심이기 때문이다 (고전 15:3-4). 그러나 복음은 고린도 사람들에게 주어진 가장 위대한 메시지임에도, 그 복음만으로는 그들이 변화되지 않았다. 그런 혁혁한 변화는 바울 사도가 강조한 대로 하나님의 영, 곧 성령의 역사로 인해 가능했다. 성령의 임재와 능력이 없다면 어떤 사람도 변화되지 않기 때문이다.

2장 삼위의 역사

"하나님이 오른손으로 예수를 높이시매,
그가 약속하신 성령을 아버지께 받아서
너희가 보고 듣는 이것을 부어 주셨느니라"
(사도행전 2:33)

1. 머리

아담이 불순종하므로 하나님과의 관계가 끊어지자, 하나님은 즉각적으로 관계 회복을 위해 일하기 시작하셨다. 그 사실을 예수 그리스도는 이렇게 분명히 말씀하셨다. "내 아버지께서 이제까지 일하시니, 나도 일한다"(요 5:17). 도대체 하나님은 어떻게 일하셨는가? 하나님이 하신 일은 수를 헤아릴 수 없을 만큼 많다. 아브라함을 부르셨고, 이스라엘 백성을 애굽에서 건져내셨고, 그들을 가나안 땅으로 인도하시는 등 말할 수 없이 많다.

그 사이사이에 하신 일은 얼마나 많은가? 그러나 그런 모든 일은 끊어진 관계를 회복시키는 열쇠가 되지 못한다. 열쇠는 딱 두 가지인데, 하나는 당신의 아들인 예수 그리스도를 세상에 보내신 것이며, 둘은 성령을 세상에 보내신 것이었다. 그 이유는 너무나 분명하다! 예수 그리스도가 세상에 오시지 않으면 인간의 죄 문제는 영원히 해결될 수 없기 때문이다. 성령의 강림이 아니면 누구도 거듭날 수 없기 때문이다.

2. 몸

관계의 회복을 위해 거룩하신 삼위의 하나님이 개입하셨다. 성부 하나님은 놀랍고도 신비한 방법을 고안하셨고, 그 고안에 따라 성자 하나님과 성령 하나님을 각각 세상에 보내셨다. 성자이신 예수 그리스도는 하나님의 구원 계획을 실천하고자 몸이 낮아질 대로 낮아졌다. 성령 하나님은 그분의 낮아진 몸이 바로 죄인들을 위함이라는 사실을 그들로 깨닫고, 받아들여서, 관계를 회복시키게 하신다.

1) 예수
삼위의 하나님이 각각 어떻게 역사하셨는지를 이 장의 본문 말씀은 세 단계로 명확하게 묘사하고 있다. 첫 단계를 인용해보

자. '하나님이 오른손으로 예수를 높이시매.' '높이시매'는 한 단어에 지나지 않지만, 그 단어가 함축하고 있는 것은 무궁무진하다. 첫째, 하나님이신 예수가 인간이 되셨다는 것이다. 하나님이 여자에게서 태어나셨고, 인간의 모든 희로애락을 맛보셨다. 그것도 모자라서 그분은 몸통이 깨어지고 찢어져서 죽으실 만큼 낮아지셨다.

둘째, 죽음 후에도 몸은 무덤에 묻힌 바 되었으나, 영은 옥으로 내려갔다 (벧전 3:19). 그러나 '그가 음부에 버림이 되지 않고, 그의 육신이 썩음을 당하지 아니하시리라'는 다윗의 예언이 문자 그대로 성취되었다 (행 2:31). 그렇다! 예수 그리스도는 죄인들이 받을 죽음과 심판을 대신 맛보셨기에—결단코 자신의 죄에 대해 받는 심판이 아니었다—, 죽음 가운데서 머물러 계실 수 없었다. 하나님이 그분을 '죽은 자 가운데서 이끌어내셨기' 때문이다 (히 13:20).

셋째, '하나님이 오른손으로 예수를 높이셨다.' 이 말씀에서 '높이셨다'는 표현은 문자적으로는 승천하셨다는 뜻이다. 그러나 죽은 예수 그리스도가 승천하시기 위해서는 먼저 죽은 자 가운데서 부활하셔야 했다. 죽은 자의 부활이라는 전대미문의 사건은 무無에서 유有를 창조하시는 전능하신 하나님만이 이루실 수 있는 역사이다. 그런 까닭에 '오른손'은 하나님의 창조와 재창조의 능력을 가리킨다.

예수 그리스도가 승천하신 후에 하시는 역사는 크게 세 가지이다. 하나는 하나님의 우편에 앉아서 성도와 교회를 위해 기도하시는 역사이다. 이 세상에서 선지자의 사역을 끝내시고 제사장의 역할로 들어가셨다는 뜻이다. 둘은 중보기도의 사역을 마치시면 다시 세상으로 오셔서 천년왕국을 이루신다. 그분은 문자 그대로 '왕 중의 왕이요 주 중의 주'로 오셔서 보좌에서 제자들과 함께 세상을 다스리실 것이다.

셋은 오늘의 주제인데, 다시 그 말씀을 인용해보자. '그가 약속하신 성령을 아버지께 받아서 너희가 보고 듣는 이것을 부어 주셨느니라.' 베드로는 예루살렘에 모인 유대인들에게 부활하여 승천하신 예수 그리스도가 성령을 하나님 아버지로부터 받아서 내려주셨다고 선포했다. 그 선포는 그분이 다른 분이 아닌 유대인들이 그토록 오랫동안 기다렸던 메시야라는 사실을 알린 것이었다. 그 결과 많은 유대인이 회개하고 그분의 제자가 되었다.

2) 성령

예수 그리스도는 성부 하나님과 성령 하나님 사이의 매개이셨다. 그분이 하나님으로부터 받은 성령을 세상에 보내셨기 때문이다. 그런데 그런 매개의 사역은 일찍이 그분이 예언하신 대로였다. "그러나 내가 너희에게 실상을 말하노니 내가 떠나가는 것이 너희에게 유익이라; 내가 떠나가지 아니하면 보혜사가 너희에게로 오시지 아니할 것이요, 가면 내가 그를 너희에게로 보내리니"(요 16:7). 그분은 당신 대신에 성령을 보내시겠다고 약속하셨다.

그분은 한 번만 그렇게 약속하시지 않으셨다. 다른 약속을 더 보자. "내가 아버지께 구하겠으니, 그가 또 다른 보혜사를 너희에게 주사 영원토록 너희와 함께 있게 하리니"(요 14:16). 이 말씀대로 예수 그리스도는 성부 하나님께 구하셨고, 구하신 대로 하나님은 '다른 보혜사'를 세상에 보내셨는데, 그들과 영원히 함께 있게 하기 위함이었다. 그런데 '다른'은 종류가 다른 것이 아니라, 같은 종류를 가리킨다. 그러니까 종류는 같지만 다른 것을 뜻한다.

그러니까 성자 하나님이 보내시는 성령 하나님이신 '다른 보혜사'는 성자 하나님과 같은 부류라는 것이다. 다시 말해서, 성자 하나님과 성령 하나님의 역사가 같다는 것이다. 그 두 분은 모두 성부 하나님이 세상에 보내셨는데, 목적은 관계의 회복을 위해서이다. 아담 이후 깨어진 하나님과 인간 사이의 관계를 회복시키기 위해 성부 하나님이 성자와 성령을 이 세상에 보내신 것이다. 인간을 사랑하시는 삼위 하나님의 마음을 엿볼 수 있는 중요한 대목이다.

그런데 성자 하나님이 성부 하나님으로부터 받아서 세상에 보내신 성령 하나님은 당연히 그분을 보내신 성자 하나님을 증언하신다. 다시 성자 하나님의 말씀을 직접 들어보자. "내가 아버지께로부터 너희에게 보낼 보혜사, 곧 아버지께로부터 나오시는 진리의 성령이 오실 때에 그가 나를 증언하실 것이요"(요 15:26). 그렇다! 성령이 이 세상에 오신 중요한 목적 가운데 하나는 예수 그리스도를 증언하는 것이다.

그 이유는 간단하다! 예수 그리스도의 죽음이 증언되지 않는 다면 어떤 인간도 하나님과의 관계를 회복할 수 없기 때문이다. 그러므로 성자 하나님의 죽음과 부활을 성령 하나님이 증언하셔야 하며, 그 증언을 통해 하나님과 인간의 관계가 회복된다. 이제 죄인의 구원을 위해서 하나님이 예수 그리스도와 성령을 세상에 보내셔야만 하는 이유가 분명해졌다. 이 두 분은 동전의 양면과 같아서 인간의 구원을 위해 언제나 함께 역사하신다.

3) 기간

그런데 성자와 성령이 이 세상에서 사역하신 기간은 엄청나게 다르다. 예수 그리스도의 사역 기간은 고작 3년여인데 반하여, 성령의 사역 기간은 얼마나 오랜지 모른다. 오순절 날에 강림하신 성령은 그리스도 예수가 재림하실 때까지 이 세상에서 사역하시는데, 그 기간은 적어도 이천년이 넘는다. 그 기간 중 성령은 한편 불신자들에게 예수 그리스도를 구주로 소개하여 그들로 그분을 영접하도록 도우신다.

또 한편 성령은 그 기간 중 그리스도인들과 함께하면서 그들과 동행동사하신다. 그뿐 아니라, 성령은 그리스도인들로 교회를 일구도록 도우신다. 그리고 세상 가운데 자리한 교회로 세상의 등대와 같은 역할을 감당하게 하신다. 그리스도 예수가 '너희는 세상의 소금이며…빛이라'고 말씀하신 그대로 이다 (마 5:13-14). 그렇게 동분서주하면서 사역하시다가, 주님이 재림하실 때 성령은 그리스도인들을 데리고 이 세상을 떠나신다.

그렇다면 성자이신 예수 그리스도는 그렇게 긴 기간에 아무것도 하지 않으시는가? 물론 그렇지 않다! 이미 언급한 대로, 그분은 하나님 우편에서 성도와 교회를 위해 끊임없이 중보 기도하신다. 바울 사도는 그 사실을 확실하게 서술했다. "누가 정죄하리요! 죽으실 뿐 아니라 다시 살아나신 이는 그리스도 예수시니, 그는 하나님 우편에 계신 자요 우리를 위하여 간구하시는 자시니라" (롬 8:34).

성자와 성령이 사역하신 기간에 비례해서 중요성도 결정되는가? 물론 그렇지 않다! 비록 예수 그리스도는 3년이란 짧은 기간에 사역하셨지만, 그 기간 중 성부 하나님과 인간의 관계 회복을 위한 가장 중요한 일을 하셨다. 그 일은 두말할 필요도 없이 죽음과 부활이었다. 만일 그분이 십자가에서 죽고 다시 살아나지 않으셨다면, 성령의 가장 중요한 사역, 곧 그분을 증언하는 사역을 할 수 없었을 것이다.

어떻게 해야 예수 그리스도를 증언하실 수 있는가? 하나님과 관계가 끊어진 상태에서 살던 죄인들이 죄를 깨닫고, 회개하고,

그리고 그분을 통해서 관계가 회복되도록 증언하신다. 그분의 죽음과 부활을 통해서, 그리고 성령의 내주를 통해서, 그처럼 중요한 관계가 회복된다. 성령은 그처럼 중요한 사역에 일일이 개입하셔서 죄인들을 성도로 변화시키신다. 그 결과는 당연히 예수 그리스도가 영광을 받으신다!

3. 꼬리

성부 하나님의 놀라운 계획에 따라서 성자 하나님이신 예수 그리스도가 육신을 입은 인간이 되셨다. 그분의 세상살이는 결단코 녹록하지 않았다. 그분은 처음부터 마지막 순간까지 연속적인 고난 속에서 사셨다. 그 고난의 절정은 두말할 필요도 없이 십자가 위에서 그처럼 수치스럽게 죽은 죽음이었다. 그 죽음을 맛보기까지 죽음 못지않은 고난도 적지 않았다. 예수 그리스도는 많은 오해와 박해, 육체의 아픔과 마음의 고통을 감수하셨다.

만일 '다른 보혜사', 곧 성령 하나님이 성자의 대를 잇지 않으셨다면, 그분의 모든 고난과 죽음은 헛것이 되고 말았을 것이다. 그러나 성령은 그분의 고난과 죽음이 결단코 헛되지 않았다는 사실을 확증하셨다. 그 성령의 확증으로 성자의 구속적 죽음이 그토록 많은 사람의 인생을 바꾸어놓고 있으니 말이다. 그렇다! 관계 회복이라는 중요한 사역을 위하여 성부 하나님은 성자 하나님과 성령 하나님을 이 세상에 보내셨다. 얼마나 놀라운 방법인가!

3장 성령의 강림

"오순절 날이 이미 이르매 그들이 다같이 한 곳에 모였더니,
홀연히 하늘로부터 급하고 강한 바람 같은 소리가 있어
그들이 앉은 온 집에 가득하며,
마치 불의 혀처럼 갈라지는 것들이 그들에게 보여
각 사람 위에 하나씩 임하여 있더니,
그들이 다 성령의 충만함을 받고
성령이 말하게 하심을 따라 다른 언어들로 말하기를 시작하니라"
(사도행전 2:1-4)

1. 머리

하나님의 말씀에서 가장 획기적인 역사가 세 번 나오는데, 첫 번째는 '하나님의 천지창조'이다. 창세기 1장에 묘사된 창조 역사의 중요성은 말과 글로 다 표현할 수 없다. 그 창조의 역사가 없었다면, 세상과 인간은 존재할 수 없다. 그뿐 아니다! 세상과 인간이 없다면, 그들을 창조하신 창조주이신 하나님도 없다는 말이다. 한발 더 나아가서 창조의 역사가 없었다면, 기독교도 존재할 수 없다는 말이다.

하나님의 말씀에서 두 번째로 획기적인 역사는 '예수 그리스

도의 탄생'이다. 비록 하나님에 의하여 천지가 창조되었지만, 그리스도 예수가 이 세상에 오지 않으셨다면 인간은 그 창조주 하나님을 전혀 알 수 없었을 것이다. 인간은 그를 창조하신 주인을 알지 못한 채 어두움 속에서 허우적거리며 살아가다가 영원한 어두움으로 던져질 것이다. 그러나 예수 그리스도가 탄생하시므로, 인간은 하나님을 인격적으로 만나서 친밀한 관계를 맺을 수 있게 되었다.

2. 몸

세 번째 획기적인 역사는 '성령의 강림'이다. 비록 하나님이 인간을 창조하셨고 예수 그리스도가 하나님과 인간을 맺어주는 가교의 역할을 하셨지만, 성령이 오지 않으셨다면 인간은 자연인으로 태어나서 자연인으로 살아가다가 자연인으로 죽을 수밖에 없을 것이다. 인간이 어디에서 왔는지 모르고, 왜 사는지도 모르고, 어디로 가는지도 모르는 영적 맹인이었을 것이다. 인간의 영적인 눈을 떠서 영적인 삶을 누릴 수 있게 하신 분이 바로 성령이었다.

1) 오순절
성령은 오순절 날에 강림하셨다! 오순절은 예수 그리스도가 부활하신 후 50일째 되는 날이다. 예수 그리스도가 부활하셔서 40일 동안 제자들에게 그 몸을 보이시면서 지상명령을 다섯 번씩이나 주셨다. 그 후 제자들이 보는 앞에서 승천하셨고, 그들은 10일 동안 전심으로 기도에 힘썼다 (행 1:14). 그렇게 50일이 채워지자 마침내 약속대로 성령이 기도하던 120명의 성도들에게 충만하게 임하셨다.

그런데 성령의 강림은 이미 이스라엘 백성에게는 경험적으로 예시된 바 있었다. 그들이 애굽을 떠나서 홍해를 건넜는데, 그 역사를 바울 사도는 세례로 설명했다 (고전 10:1-2). 세례는 죽음과 부활을 상징하는데, 물속에 들어가는 것은 죽음을 상징하고 다시 물 위로 올라오는 것은 부활을 상징한다. 바울 사도의 설명에 의하면 이스라엘 백성은 홍해 속으로 들어갔다가 그 홍해에서 다시 올라왔다는 것이다.

그 후 50일이 지났을 때, 이스라엘 백성은 시내 산에서 하나님의 현현을 경험했는데, 그 경험은 제자들이 경험한 오순절의 현상과 매우 흡사했다. 그때 우레와 나팔 소리가 크게 들렸다 (출 19:16). 그뿐 아니라 하나님은 불 가운데서 강림하셨다. 그 묘사를 직접 인용해보자. "시내 산에 연기가 자욱하니 여호와께서 불 가운데서 거기 강림하심이라. 그 연기가 옹기 가마 연기 같이 떠오르고 온 산이 크게 진동하며" (출 19:18).

성령이 강림하신 오순절에도 역시 마찬가지였는데, 먼저, "홀연히 하늘로부터 급하고 강한 바람 같은 소리가 있어 그들이 앉은 온 집에 가득했다"(행 2:2). 그다음 하나님이 불 가운데 강림하셨는데, 성령의 강림도 마찬가지였다. "마치 불의 혀처럼 갈라지는 것들이 그들에게 보여 각 사람 위에 하나씩 임하여 있더니"(행 2:3). 그러니까 이스라엘 백성에게 강림하신 하나님은 오순절에 강림하신 하나님이시었다.

시내 산에서 하나님은 모세에게 이스라엘 백성에게 경고하라는 메시지를 주셨다. "여호와께서 모세에게 이르시되 내려가서 백성을 경고하라 백성이 밀고 들어와 나 여호와에게로 와서 보려고 하다가 많이 죽을까 하노라"(출 19:21). 그런데 오순절에 강림하신 성령은 제자들에게 다른 언어들을 주셔서 그곳에 모인 이스라엘 백성에게 경고하게 하셨다. 하나님이 직접 경고하시지 않은 이유는 제자들이 성령으로 충만함을 받았기 때문이다 (행 2:4).

2) 새 언약

이스라엘 백성은 시내 산에서 하나님과 언약을 맺었는데, 그 경위는 다음과 같다. 하나님이 모세를 통해 이스라엘 백성이 "내 말을 잘 듣고 내 언약을 지키면, 그들이 하나님의 소유가 되고 제사장 나라와 거룩한 백성이 되리라"는 말씀을 전하자 (출 19:5-6), 그들은 주저하지 않고 그것들을 지키겠다고 약속했다. "여호와께서 명령하신 대로 우리가 다 행하리이다"(출 19:8). 모세는 그들의 약속을 하나님께 전달했다.

그 약속에 근거해서 하나님은 이스라엘 백성에게 십계명과 율법들을 조목조목 들려주셨다 (출 20-23). 다시 그들은 이렇게 약속했다. "여호와께서 말씀하신 모든 것을 우리가 준행하리이다" (출 24:3, 7). 모세는 번제와 화목제의 피 일부를 제단에 뿌리고, 일부는 백성에게 뿌림으로 언약이 체결되었다 (출 24:5-8). 이제부터 그 언약을 깨뜨리면 죽음을 불사하겠다는 엄중한 언약, 곧 피의 언약이었다.

그러나 세월이 흐르면서 이스라엘 백성은 그 언약을 거듭거듭 깨뜨렸다. 그들의 결단과 노력으로는 절대로 지킬 수 없는 언약이었다. 그렇게 연약한 이스라엘 백성을 위해 하나님은 다시 은혜를 베풀어주셨는데, 그것이 바로 '새 언약'이었다. 그 약속을 보자. "여호와의 말씀이니라. 보라! 날이 이르리니, 내가 이스라엘 집과 유다 집에 새 언약을 맺으리라" (렘 31:31). 이 언약은 '나의 법을 그들의 속에 두며 그들의 마음에 기록한다'는 것이다 (렘 31:33).

하나님의 법을 이스라엘 백성의 마음에 어떻게 넣을 수 있는가? 에스겔 선지자는 그 사실을 이렇게 설명했다. "맑은 물을 너희에게 뿌려서 너희로 정결하게 하되 곧 너희 모든 더러운 것에서와 모든 우상 숭배에서 너희를 정결하게 할 것이며, 또 새 영을 너희 속에 두고 새 마음을 너희에게 주되 너희 육신에서 굳은 마음을 제거하고 부드러운 마음을 줄 것이며, 또 내 영을 너희 속에 두어 너희로 내 율례를 행하게 하리니 너희가 내 규례를 지켜 행할지라" (겔 36:25-27).

새 언약의 특징은 첫째 그들을 깨끗하게 씻어주며, 둘째 그들의 마음을 부드럽게 할 것이며, 셋째 그 방법은 '새 영', 곧 '내 영'을 그들 속에 두시며, 넷째 그 영의 도움으로 율례와 규례를 지키게 하는 것이다. 결국, 새 언약은 성령의 강림으로 이루어지며, 그들이 안에서부터 변화된다는 것이다. 그러니까 오순절 날 성령의 강림은 새 언약의 성취로, 새로운 시대와 새로운 삶으로 들어간다는 것이다.

3) 새로운 시대

오순절 날에 성령이 강림하셨는데, 그 강림은 한편 새 언약의 성취였지만, 동시에 새로운 시대, 곧 성령의 시대로 들어갔다는 뜻이다. 구약시대에 성부 하나님이 주로 역사하셨다면, 사복음 시대에는 성자 하나님이 주인공이었다. 그분이 임무를 마치고 승천하시어서 성령을 하나님께 받아 세상으로 내려보내시므로, 마침내 성령의 시대가 시작된 것이다. 이미 언급한 것처럼, 성령의 시대는 예수 그리스도가 다시 오실 때까지 지속할 것이다.

오순절 날 하나님이 약속하신 성령이 제자들에게 강림하시자, 그들은 새로운 사람들이 되었다. 그들은 더는 그들의 결심과 노력으로 하나님의 말씀을 지키려고 할 필요가 없어졌다. 그 이유는 분명하다! 그들의 마음에 성령이 충만하게 임하셨기 때문이다. 그들은 유대의 종교 지도자들과 로마 사람들을 두려워하지 않게 되었다. 오히려 그들에게 변화된 삶과 성령의 도우심으로 예수 그리스도를 능력있게 전하게 되었다.

실제로 예수 그리스도가 죄인들을 위해 십자가에서 죽으시고 다시 살아나신 50일 동안 그들은 한 사람에게도 전도하지 못했다. 그뿐 아니라, 그런 엄청난 구속의 죽음과 부활에도 불구하고 어떤 죄인도 구원받지 못했다. 그 이유는 너무나 분명하다! 성령의 역사가 없으면 어떤 죄인도 십자가의 죽음과 부활의 의미를 깨우칠 수 없기 때문이다. 그러므로 성부 하나님은 인간의 구원 내지 깨어진 관계의 회복을 위해 성자와 성령을 보내셨던 것이다.

새 언약의 약속대로 성령이 임하시자 단번에 3,000명, 5,000명씩 죄를 회개하고 구원을 받았다. 성령의 강림은 전도와 선교의 문을 활짝 열었다. 그렇게 구원받은 사람들은 즉각적으로 교회를 일구었다. 그들이 교회에서 "사도의 가르침을 받아 서로 교제하고 떡을 떼며 오로지 기도하기를 힘썼다"(행 2:42). 그렇다! 성령의 시대는, 곧 교회의 시대이다. 그리고 교회의 시대의 특징은 은혜인데, 그 이유는 남녀노소 구분이 없고 값없이 구원을 받을 수 있기 때문이다.

다른 특징은 성령이 그리스도인들 마음에 자리하면서 그들 개개인과 정겨운 교제를 하신다는 사실이다. 정겨운 교제는 그것만이 아니라, 다른 그리스도인들과도 깊은 교제를 나누도록 유도한다. 시간과 물질을 나누기도 하며, 무엇보다도 마음과 정을 나눈다. 그런 교제는 이 세상에서뿐 아니라, 예수 그리스도가 재림하여 천국을 이루실 때도 계속되는 영원한 교제이다. 그런 이유로 성령 안에서 나누는 그리스도인들의 교제는 천국에서의 교제와 비슷하다.

3. 꼬리

구원을 위한 성령의 역할은 절대적이다. 예수 그리스도의 구속적 죽음과 영광의 부활을 죄인들에게 일깨워주시기 때문이다. 또 그들로 그리스도 앞으로 나아와서 무릎을 꿇게 하신다. 그때 그들은 획기적인 변화를 경험하는데, 성령의 역사와 내주 때문이다. 만일 그런 성령의 역사가 없었다면 사울이라는 기고만장한 사람이 변화될 수 있었겠는가? 그의 전 생애를 걸었던 율법 대신에 예수를 구주로 받아들이다니, 성령의 역사는 놀라울 뿐이다.

성령은 그렇게 변화된 사람들을 내버려 두지 않으신다. 개인적으로 그들을 인도하시고, 또 그들로 교회를 일구게 하신다. 그 교회에서 구원받은 그리스도인들은 위로 그들의 구원을 계획하시고, 이루시고, 적용하게 하시는 삼위의 하나님께 예배를 드리게 하신다. 아래로는 영원한 형제자매가 된 그리스도인들이 끈끈한 교제와 신실한 훈련을 통해 성숙한 신앙인으로 성장하게 하신다. 성령의 역사는 참으로 무궁무진하다!

깨어진 교제를 회복하기 위해 하나님은 당신의 독생자를
세상에 보내셨고, 또 십자가에서 죽게 하셨다.
그러나 하나님의 역사는 그것으로 끝나지 않았다.
그 아들이 죽은 지 삼일만에 다시 살아나셨기 때문이다.
그런 죽음과 부활이면 깨어진 교제가 충분히 회복될 수 있다고
간주하면 그것은 잘못이다. 그 아들은 승천하셔서
그분의 완성된 사역을 보고하시듯, 하나님 우편에 앉으셔서
새로운 사역에 들어가셨다.
대제사장의 사역, 곧 그리스도인들과 교회를 위한
기도의 사역을 하셨다. 그런데 그 못지않게 중요한 역사를 일구셨으니,
곧 성령을 하나님께 받아서 세상에 보내셨다.
그렇게 세상에 오신 성령은 죄인들을 위해
엄청나게 중요한 역사를 시작하셨는데, 먼저는 책망의 역사였다.
성령의 책망을 받지 않는 죄인은 누구도 그가 하나님 앞에서
얼마나 큰 죄인인지 깨닫지 못하며,
깨닫지 못하면 결단코 회개와 믿음을 구사할 수 없다.
성령은 그렇게 죄를 깨달은 죄인들에게 두 가지를 촉구하시는데,
곧 회개와 믿음이다. 성령의 도우심이 없다면 어떤 죄인도
하나님이 수용하실 수 있도록 회개할 수 없다.
그뿐 아니라 성령의 도우심이 없다면 죽었다가 다시 사신
예수 그리스도를 그들의 구주로 믿고 영접할 수도 없다.
그들이 구원받을 수 있도록 성령이 끝까지 도우신다.
성령의 도우심을 받아들이고 믿는다면,
그들은 하나님의 자녀가 되는 특권을 누린다.

2

불신자를
위하여

1장 책망

"그[보혜사]가 와서 죄에 대하여, 의에 대하여,
심판에 대하여 세상을 **책망**하시리라;
죄에 대하여라 함은 그들이 나를 믿지 아니함이요,
의에 대하여라 함은 내가 아버지께로 가니
너희가 다시 나를 보지 못함이요,
심판에 대하여라 함은 이 세상 임금이 심판을 받았음이라"
(요한복음 16:8-11)

1. 머리

　은혜의 시대에서 성령은 주로 그리스도인들을 위하여 역사하시지만, 그렇다고 불신자들을 위하시지 않는다는 것도 아니다. 그렇다면 불신자들을 위해 어떻게 역사하시는가? 크게 두 가지인데, 첫째는 불법을 막는 사역이다. 말씀으로 확인하자. "너희는 지금 그로 하여금 그의 때에 나타나게 하려 하여 막는 것이 있는 것을 아나니, 불법의 비밀이 이미 활동하였으나 지금은 그것을 막는 자가 있어 그 중에서 옮겨질 때까지 하리라"(살후 2:6-7).

이 세상에는 '불법의 비밀'이 광분하고 있지만, 그래도 '그것을 막는 자가 있는데' 막는 자는 성령이다. 물론 성령이 직접 막으실 수도 있지만, 대개는 성령의 인도를 받는 그리스도인들이나, 교회나, 단체를 통해서 막으신다. 만일 그처럼 '막는 자'가 없다면, 이 세상은 문자 그대로 불법 천지가 될 것이다. 인간의 세계가 마치 동물의 세계에서처럼 약육강식이 처처에 횡횡할 것이다. 그래도 어두운 세상에 공의가 있는 것은 그 불법을 '막는 자'가 있기 때문이다.

2. 몸

불신자들을 위한 성령의 둘째 사역은 책망이다. 첫째 사역은 불신자들의 구원과 직접 관련이 없으나, 둘째 사역은 그들의 구원과 직접 관련이 있다. 실제로 성령의 책망이 없다면 어떤 불신자도 구원받을 수 없다. 그 이유는 너무나 분명하다! 성령의 책망이 없다면, 불신자는 그들이 하나님 앞에서 얼마나 무서운 죄인인지 깨닫지 못한다. 더더군다나 그들의 죗값을 위해 죽으신 예수 그리스도를 깨달을 수 없다.

1) 책망
불신자들은 크게 두 가지로 책망을 받는데, 하나는 양심의 책망이며 또 하나는 성령의 책망이다. 양심의 책망은 잘못된 것을 범할 때 일어나는 수치감이다. 그런데 양심은 그 기준이 사람과 나이와 문화에 따라 다르다. 이처럼 기준이 다른 양심은 책망과 괴로움을 안겨줄지는 몰라도, 그 괴로움에서 벗어나게 하지는 못한다. 그런 이유로 양심의 책망을 받는 불신자들은 괴로움을 안고 살든지, 아니면 자포자기해 버린다.

반면, 성령의 책망은 다르다! 불신자들이 성령으로 책망을 받으면, 그들은 그 책망의 원인을 말끔히 제거할 수 있다. 그 이유를 알아보기 위해 책망을 헬라어로 알아보는 것도 도움이 될 것이다. 책망은 헬라어로 엘렝코(ἐλέγχω)인데, 그 원뜻은 '경멸하다'이다. 두말할 필요도 없이, 경멸의 원인은 그 사람이 행한 잘못이 드러나기 때문이다. 그런데 양심의 책망은 가책으로 끝나지만, 성령의 책망은 그것으로 끝나지 않고 그 너머로 옮겨갈 수 있다.

불신자들이 그렇게 책망을 받으면, 그들은 책망받은 짓거리에 대해 아픈 마음을 갖게 된다. 그리고 그 아픈 마음에서 헤어나고자 하는 간절한 마음을 갖게 된다. 그런 간절한 마음은 자연스럽게 그들로 회개의 필요성을 깨닫게 한다. 그렇다! 성령의 책망은 그들로 아픈 마음에서 벗어날 수 있는 새로운 길과 방법을 제시하는데, 그 방법이 바로 '회개'이다. 양심의 책망은 가책으로 끝나지만, 성령의 책망은 문제를 보여주면서 회개하라고 촉구한다.

그렇다면 성령은 불신자들에게 직접 찾아가서 책망하시는가? 물론 그렇게 하실 때도 없잖아 있다. 그러나 많은 경우 성령은 성령으로 충만한 그리스도인들을 사용하신다. 세례 요한은 동생의 아내를 취한 헤롯을 책망했다 (눅 3:19). 예수님은 위선자들을 글로 책망하셨다 (요 8:9). 성령은 말씀을 가르칠 때도 책망하신다 (히 12:5- '꾸지람을 받을 때'로 번역). 율법을 통해서도 책망하신다 (약 2:9- '정죄하리라'로 번역).

성령은 그렇게 다양한 방법으로 불신자들을 책망하신다. 이미 언급한 것처럼, 그들이 회개를 통해 그들의 잘못을 용서받게 하기 위함이다. 실제로 그런 책망을 통해 구원받은 사람이 얼마나 많은가! 그러면 성령의 책망을 받는 사람들은 모두 회개하는가? 물론 그렇지 않다! 세례 요한을 통해 책망받은 헤롯은 회개했는가? 그는 그처럼 중요한 책망을 거부하고 영원한 심판의 대상이 되었다. 예수님을 통해 책망을 받은 많은 사람도 거부했다.

2) 죄에 대한 책망

위에서 언급한 것처럼, 양심은 잘못한 사람을 책망한다. 그런데 양심이 없는 인간은 없기에 모든 인간은 시시때때로 양심의 가책을 받는다. 그뿐 아니다! 그 가운데 많은 사람이 종교 때문에 책망을 받는다. 그 이유는 분명하다! 모든 종교는 규율과 제도가 있는데, 그것들을 종종 깨뜨리기 때문이다. 그 책망에서 벗어나려고 종교인들은 그 종교가 요구하는 것들을 지키려고 발버둥을 친다. 그러나 그 책망에서 벗어날 수 있는 길은 어디에서도 찾을 수 없다.

기독교에도 많은 규율과 제도가 있으며, 그것들을 어기는 기독교인들은 책망을 받는다. 여기까지는 뭇 종교와 다를 바가 전혀 없다. 그런데 다른 것이 하나 있는데, 그것은 성령의 역사이다. 성령이 그들의 죄에 대해 책망하시는데, 그 목적은 그 책망을 유발한 악한 죄에서 벗어나게 하기 위함이다. 그런 이유로 죄에 대해 성령의 책망을 받는 사람은 그 죄로부터 해방되는 기쁨을 누릴 수 있다. 물론 그 책망을 거부할 수도 있지만 말이다.

그러면 성령은 구체적으로 어떤 죄에 대해 책망하시는가? 다시 본문을 인용해서 그 해답을 제시해보자. '죄에 대하여라 함은 그들이 나를 믿지 아니함이요.' 이 말씀에서 '나를 믿지 아니함이요'에서 '나'는 예수 그리스도를 가리킨다. 그분은 십계명과 율법을 어긴 죄를 책망하지 않으셨다. 만일 그렇게 하셨다면, 기독교도 다른 종교와 다를 바가 없게 된다. 그러나 그런 것들은 기독교의 핵심이 아니다! 기독교의 핵심은 예수 그리스도이다!

성령은 많은 규율과 법을 어긴 인간을 책망하지 않으신다. 그런 것들은 인간이 만든 것에 지나지 않으며, 또한 그런 것들을 아무리 지켜도 구원받을 수 없기 때문이다. 인간은 온갖 죄를 범하면서 살아가는 연약한 존재이다. 죄의 실제, 죄의 만행, 죄의 추함, 죄의 샘물, 죄의 열매 등, 죄가 얼마나 다양하며 무서우며 깊이 뿌리박혀 있는지 모른다. 성령은 그런 죄들도 들추어 내시지만, 가장 심각한 책망은 예수 그리스도를 믿지 않는 불신에 대해서다.

그 이유는 너무나 분명하다! 예수 그리스도만이 모든 죄에서 벗어나게 하실 수 있기 때문이다. 그분은 온갖 죄에 시달리며 벗어나려고 발버둥 치는 죄인을 위해 십자가에서 죽음을 감수하셨다. 그뿐 아니라, 그분은 그들의 죄가 사해졌다는 놀라운 사실을 선포하기 위해 죽은 지 삼일만에 다시 살아나셨다. 그렇게 구속의 죽음을 마다하지 않으신 예수 그리스도를 믿을 때 모든 죄가 눈 녹듯 사라진다. 그분을 믿어 모든 죄에서 벗어나라고 성령은 책망하신다.

3) 의와 심판에 대한 책망

먼저, 의에 대한 책망을 알아보기 위해 본문을 인용해보자. "의에 대하여라 함은 내가 아버지께로 가니 너희가 다시 나를 보지 못함이요." '아버지께로 가니'라는 예수 그리스도의 선언은 그분이 승천하여 하나님 옆에 앉으실 것을 의미한다. 그러면 그분은 어떤 과정을 거쳐서 승천하셨는가? 우선 죽음이라는 관문을 통과하셨는데, 유대인들과 로마 병정들을 포함한 세상은 그분의 죄로 인해 십자가에서 처참하게 죽었다고 생각했다.

그러나 그렇게 죽으신 그리스도 예수는 다시 살아나셨는데,

그 부활은 그다음 관문이었다. 그리고 마지막으로 그분은 승천하셔서 하나님으로부터 성령을 받아서 세상에 보내셨다. 왜 성령을 보내셨는가? 그 목적은 죄인이 예수 그리스도처럼 의로워지게 하기 위함이었다. 하나님은 결단코 죄인을 있는 그대로 하늘나라에 들여보내지 않으신다. 그렇다면 죄인이 어떻게 그분처럼 의로워질 수 있는가?

성령의 책망으로 죄인이 예수 그리스도를 믿지 않는 것을 깨우치고, 그분을 믿음으로 받아들일 때 성령이 그들의 삶에 들어간다. 어떻게 거룩한 영이 죄인 안에 들어갈 수 있는가? 그것은 그분이 십자가에서 흘리신 피로 죄가 말끔히 씻어졌기 때문이다. 다시 말해서, 그들이 그리스도 예수처럼 의로워졌기에 가능했다. 그렇다! 의에 대해 성령이 책망하시므로, 그들도 그분처럼 의로워지고 성령이 내주하시게 되어 하늘나라에 들어갈 수 있게 된다.

다음, 심판에 대한 성령의 책망을 알아보기 위해 본문을 인용해보자. "심판에 대하여라 함은 이 세상 임금이 심판을 받았음이라." '이 세상 임금'은 사탄을 가리키는데, 그는 세상을 손아귀에 넣고 좌지우지했었다. 그런데 그 사탄이 심판을 받았다는 것이다. 그 사탄은 패배한 장군처럼, 힘없는 구경거리로 전락했다. 언제 사탄이 그처럼 무참히 심판을 받았나? 예수 그리스도가 십자가에서 죽었다가 부활하셨을 때였다 (요 16:11).

물론 사탄은 마지막 때에도 몸부림치면서 최후의 발버둥을 치겠지만, 개선장군이신 예수 그리스도는 그 사탄을 불과 유황으로 타는 지옥으로 던지실 것이다. 사탄은 거기에서 심판을 받아 영원히 고통을 받을 것이다. 말씀으로 확인하자: "또 그들을 미혹하는 마귀가 불과 유황 못에 던져지니 거기는 그 짐승과 거짓 선지자도 있어 세세토록 밤낮 괴로움을 받으리라"(계 20:10). 그렇다! 성령은 이처럼 이중적으로 심판을 받을 사탄을 호되게 책망하신다.

3. 꼬리

예수 그리스도는 승천을 앞두시고 성령의 책망을 삼중적으로 가르치셨다. 그 성령의 책망은 두말할 필요도 없이 죄인의 구원을 위한 사역이다. 어떤 죄인도 성령의 책망 없이는 그리스도 예수를 거부한 죄가 얼마나 심각한지 깨닫지 못한다. 지금도 성령은 어떤 때는 직접 책망하시나, 대부분은 성령으로 충만함을 받은 그리스도인들을 사용하여 간접적으로 죄와 의와 심판에 대하여 책망한다.

죄에 대해 책망을 받아 회개하고 예수 그리스도를 믿고 영접하면, 그 사람은 구원을 경험한다. 다시 말해서, 의롭다 하심을 받는다. 그때부터 그는 예수 그리스도를 대신해서 의로운 삶을 이 세상에 드러내면서 산다. 그뿐 아니라, 어느 날 예수 그리스도가 재림하셔서 세상을 심판하실 때도 조금도 두려움 없이 그분을 만나게 될 것이다. 결국, 죄와 의와 심판은 그리스도인의 과거와 현재와 미래를 망라하는 성령의 사역이다.

2장 회개

"알지 못하던 시대에는 하나님이 간과하셨거니와,
이제는 어디든지 사람에게 다 명하사 **회개하라** 하셨으니,
이는 정하신 사람으로 하여금 천하를 공의로 심판할 날을 작정하시고,
이에 그를 죽은 자 가운데서 다시 살리신 것으로
모든 사람에게 믿을 만한 증거를 주셨음이니라"
(사도행전 17:30-31)

1. 머리

성령은 죄와 의와 심판에 대해 불신자들을 책망하신다. 그 책망은 책망을 위한 책망이 아니라, 그들이 책망받는 악한 짓거리에서 돌이키게 하기 위함이다. 만일 그들이 돌이키지 않으면 책망에서 영원히 벗어나지 못한다. 하나님이 '천하를 공의로 심판할 날을 작정하셨기' 때문이다. 그 심판은 인간의 잣대에 의한 것이 아니라 하나님의 잣대에 의한 것이기에, 그 '공의의 심판'을 피할 수 있는 죄인은 없다. 두말할 필요도 없이 그 심판의 결과는 영원한 지옥이다.

돌이키지 않으면 안 되는 이유가 또 있는데, 그것은 하나님이 '그[예수]를 죽은 자 가운데서 다시 살리셨기' 때문이다. 하나님은 죄인들이 받을 '공의의 심판'을 당신의 아들 예수 그리스도에게 쏟아부으셨다. 그들로 하나님의 심판 대신에 하나님과의 교제를 누리게 하기 위함이었다. 이처럼 두 가지 이유, 곧 소극적 이유--'공의의 심판'--와 적극적 이유—예수 그리스도의 구속적 죽음—때문에 돌이키지 않으면 안 된다.

2. 몸

사랑의 하나님은 죄인들이 죄 가운데서 살다가 '공의의 심판'을 받고 영원한 지옥으로 떨어지기를 원하지 않으신다. 그런 하나님의 마음을 베드로 사도는 이렇게 표현했다. "오직 주께서는 너희를 대하여 오래 참으사 아무도 멸망하지 아니하고 다 **회개하기에 이르기를 원하시느니라**" (벧후 3:9). 성령이 죄인들을 책망하시면서 회개하라고 하시는 것은 하나님 마음의 표현이다. 그렇다! 회개하지 않으면 누구도 하나님의 사랑을 경험할 수 없다.

1) 끌어당김
성령이 죄인들을 끌어당기지 않으시면 아무도 회개할 수 없으며, 따라서 구원받을 수 없다. 그 원인은 아담과 하와로 거슬러 올라간다. 그들이 하나님의 분명한 명령을 어기고 금단의 열매를 따서 먹는 순간 하나님과 분리되었는데, 영적으로 죽었다는 말이다. 영적으로 죽은 상태를 완전타락이라고 하는데, 그들뿐 아니라 모든 인간도 똑같이 완전히 타락했다. 그렇게 타락한 인간은 자기의 결단과 노력으로 하나님께 나아오는 것은 절대로 불가능하다.

그러나 그렇게 타락한 인간을 하나님은 여전히 사랑하신다. 그분은 인간과 사랑의 관계와 교제를 회복하기 원하신다. 그런 뜻을 이루시기 위해 하나님은 성령을 불신자들에게 보내셨다. 성령은 그들에게 접근해서 그들을 끌어당기신다. 물론 성령이 직접 죄와 의와 심판에 대해 책망하시면서 그들을 끌어당기기도 하신다. 그러나 많은 경우 성령은 다른 도구들을 사용해서 죄인들을 책망하시면서 끌어당기신다.

성령은 많은 반대 세력에도 불구하고 죄인들을 하나님께로 끌어당기려 하신다. 물론 직접 끌어당기실 때도 있지만, 많은 경우 다른 도구들을 이용해서 끌어당기신다. 그 도구 중에는 그리스도인들의 삶과 증언도 포함된다. 어떤 때는 그들이 초청하는 교회일 수도 있다. 어떤 때는 갑작스러운 친구의 죽음일 수도 있다. 죽음의 두려움이 죄인들을 끌어당길 수도 있으며, 종교에 귀의하지 않으면 안 된다는 강력한 끌어당김을 느낄 수 있다.

무엇보다도 강력한 끌어당김의 도구는 역시 하나님의 말씀이다. 말씀은 그들을 끌어당기다가 마침내 회개에 이르게 하는 능력이 있기 때문이다. 그 과정을 언급한 말씀을 보자: "···온유하며 가르치기를 잘하며 참으며, 거역하는 자를 온유함으로 훈계할지니, 혹 하나님이 그들에게 **회개함**을 주사 진리를 알게 하실까 하며"(딤후 2:24-25). 삶이 따르는 말씀은 죄인들을 끌어당기는 강력한 도구가 될 수 있으며, 마침내 그들로 회개에 이르게 할 수 있다는 말씀이다.

그런데 성령이 죄인들을 끌어당기실 때 그들도 적극적으로 반응해야 한다. 그렇게 반응할 때 성령은 그들을 더 깊게 끌어당기신다. 두말할 필요도 없이 더 깊은 곳은 그들의 인생이 잘못된 방향으로 가고 있다는 깨달음이다. 그 깨달음으로 그들이 하나님 앞에 죄인이라는 사실과 그 죄 때문에 심판을 앞두고 있다는 사실을 인지한다면, 그들은 올바른 방향으로 끌리고 있으며, 마침내 회개에 이르게 될 것이다.

2) 의미

구약에서 '회개하다'를 의미하는 히브리 원어는 두 가지인데, 곧 *나캄*(נחם)과 슈브(שוב)이다. 앞의 동사는 '슬퍼하다,' '미안하다' 등의 의미이나, 뒤의 동사는 '돌아서다'의 의미이다. '슬퍼하는' 이유는 잘못된 행동 때문이다. 반면, 슈브는 옳지 않은 길에서 옳은 길로 방향을 바꾸는 행동이다. 죄에서, 불의에서, 허물에서, 악함에서, 악한 길에서, 돌아서는 행위이다 (왕상 8:35, 욥 36:10, 사 59:20, 겔 3:19, 느 9:35). 물론 주님께로 돌이켜야 한다 (시 51:13).

'돌아서다'인 슈브는 의에게 돌아설 수도 있고, 악에게 돌아설 수도 있는 동사이다. 어떤 때는 의로 돌이킨다. "그러나 악인이 만일 그가 행한 모든 죄에서 돌이켜 떠나 내 모든 율례를 지키고 정의와 공의를 행하면 반드시 살고 죽지 아니할 것이라" (겔 18:21). 반면, 악으로 돌이킬 수 있다. "만일 의인이 돌이켜 그 공의에서 떠나 범죄하고 악인이 행하는 모든 가증한 일대로 행하면 살겠느냐?" (겔 18:24). 인간은 의와 악 가운데서 택하여 돌이킬 수 있다.

신약에서도 회개를 뜻하는 단어가 둘인데, 곧 *메타노이아* (μετάνοια)와 *에피스트로페*(ἐπιστροφή)이다. 전자는 구약의 *나캄*과 가까우며, 후자는 슈브와 가깝다. 일반적으로 *메타노이아*는 회개에 포함된 내적 변화를 강조하나, *에피스트로페*는 내적 변화의 결과로 생긴 외적 변화를 강조한다. 회개는 내적 변화와 외적 변화를 일으키는 놀라운 성령의 역사이다. 이처럼 이중적인 변화가 없다면 진정으로 회개했는지 의심할 필요가 있다.

그런 이유로 베드로 사도는 솔로몬 행각에 모인 유대인들에게 복음을 전할 때 두 단어를 다 포함했다. "그러므로 너희가 *회개하고 돌이켜* 너희 죄 없이 함을 받으라; 이같이 하면 새롭게 되는 날이 주 앞으로부터 이를 것이요"(행 3:19). '회개하고'는 메타노이아의 동사형이고, '돌이켜'는 에피스트로페의 동사형이다. 그들이 과거의 모든 죄와 악으로부터 돌이킬 때, 더는 과거에 얽매이지 않고 미래 지향적인 능력의 삶을 살게 된다는 메시지였다.

바울 사도도 역시 내적·외적 변화를 강조하기 위해 두 동사를 함께 사용한 적이 있다. 그가 전한 메시지를 인용해보자. "먼저 다메섹과 예루살렘에 있는 사람과 유대 온 땅과 이방인에게까지 *회개하고* 하나님께로 *돌아와서* 회개에 합당한 일을 하라 전하므로"(행 26:20). 그렇다! 죄와 악에서 돌이켜서 하나님께로 돌아오는 사람은 유대인이든 이방인이든 변화를 경험할 것이다. 이처럼 놀라운 회개를 가능하게 하시는 성령의 인도하심은 놀랍기만 하다.

3) 인격

성령이 죄인을 끌어당기실 때, 그 죄인은 인격적으로 돌이켜야 한다. 그렇게 전인적^{全人的}으로 돌이키지 않으면 온전한 회개라고 할 수 없다. 그런데 인격을 구성하는 요소가 세 가지인데, 곧 지·정·의이다. 이 세 가지 요소 가운데 가장 우선하는 것은 지^知이다. 그 앎에 근거해서 감정이 좋을 수도 있고 나쁠 수도 있다. 그뿐만 아니라 그 앎에 근거해서 의지적인 결단을 내린다. 그리고 이 세 가지 요소를 사용해서 결단한다면, 그 결단은 인격적이다.

죄인이 회개할 때 지적 요소는 무엇인가? 무엇보다도 거룩하신 하나님을 거부하여 등지고 사는 것이 죄라는 사실을 깨달아야 한다. 하나님께서는 삼라만상은 물론 인간을 창조하신 분인데, 그분을 거부하고 살다니 있을 수 없는 일이다. 그렇게 하나님을 등지고 사는 죄인을 그분은 그래도 긍휼과 자비로 받아주시는 은혜의 하나님이심을 알아야 한다. 그 은혜가 바로 당신의 아들, 예수 그리스도로 죄인을 대신해서 죽게 하신 엄청난 사실을 알아야 한다.

감정적인 회개는 그가 지은 죄에 대해 하나님 앞에서 슬퍼하며 죄송해하는 것이다. 가룟 유다가 슬퍼한 것은 인간적이었다. 베드로처럼 하나님의 뜻대로 슬퍼해야 한다. "하나님의 뜻대로 하는 근심은 후회할 것이 없는 구원에 이르게 하는 회개를 이루는 것이요 세상 근심은 사망을 이루는 것이니라"(고후 7:10). 그뿐 아니라 그의 죄를 위해 십자가의 고난을 감수하신 분에게 감사한 마음을 가져야 한다.

회개의 의지적 요소는 내적으로 죄에서 돌이키는 것이다. 두말할 필요도 없이 하나님께로 돌이켜야 한다. 그러니까 소극적으로 잘못된 인생에서 돌이키는 것이며, 적극적으로는 하나님께로 돌이키는 것이다. 그런 이중적인 돌이킴은 인간의 결단만으로는 이루어지지 않는다. 인간의 결단은 내적 변화를 가져오지 못하기 때문이다. 그런 이유로 성령의 도우심이 없다면 진정으로 돌이킬 수 없다. 그렇게 돌이키면 또 다른 변화도 있는데, 곧 외적 변화이다.

결국, 성경의 가르침에 따르면 진정한 회개는 하나님과 인간의 역사, 곧 신인협동(神人協同)이다. 위에서 언급한 것처럼, '하나님이 그들에게 회개함을 주신다.' 그 결과 그들은 '진리를 알게 된다' (딤후 2:25). 초대교회의 증언도 마찬가지이다: '하나님께서 이방인에게도 생명 얻는 회개를 주셨도다' (행 11:18). 동시에 죄인이 회개해야 한다 (마 3:2). 성령이 그들을 끌어당기실 때 그들은 회개해야 한다.

3. 꼬리

성경이 말하는 회개는 원래의 길(orientation)에서 어긋났다가(disorien-tation), 원래의 길로 다시 되돌이키는 것이다(re-orienta-tion). 그 과정에서 성령의 개입이 없다면, 원래의 길로 돌이킨다는 것은 절대로 불가능하다. 그런 사실을 너무나 잘 아시는 예수 그리스도는 최초의 메시지로 '회개하라'는 말씀을 전하셨다 (마 4:17). 죄인들의 회개가 가능하기 위해 당신이 십자가에서 죽겠다는 뜻이 함축된 놀라운 메시지였다.

그 뜻대로 예수 그리스도가 죽음과 부활의 관문을 통과하신 후, 베드로 사도는 최초의 메시지에서 자신의 주님과 똑같이

'회개하라'고 선포했다. 회개하지 않으면 죄의 용서도 없고 성령의 내주도 없기 때문이다 (행 2:38). 그렇다! 그 메시지를 듣고 회개하고 세례를 받은 신도[信徒]가 3,000명이나 되었는데, 성령의 강력한 역사 때문에 가능했다. 그들은 오순절 날 예루살렘에 모인 5만여 명 가운데 성령의 끌어당김을 받아들여 결단한 사람들이었다.

3장 믿음

"요한이 잡힌 후 예수께서 갈릴리에 오셔서
하나님의 복음을 전파하여 이르시되,
'때가 찼고 하나님의 나라가 가까이 왔으니
회개하고 복음을 믿으라' 하시더라"
(마가복음 1:14-15)

1. 머리

　죄인이 구원받기 위해 반드시 거쳐야 할 단계가 있는데, 곧 회개와 믿음이다. 간단히 말해서, 회개는 죄에서 180도 돌아서서 방향을 바꾸는 것이다. 그러나 방향만 바꾼다고 해서 저절로 구원받는 것은 아니다. 방향을 바꾸되 누구에게로 바꾸느냐가 절대로 중요하다. 두말할 필요도 없이, 창조자시며 구주이신 하나님께로 바꾸어야 한다. 그렇게 하지 않으면 어떤 죄인도 구원받을 수 없으며, 따라서 죽음과 심판이 그를 기다리고 있을 뿐이다.

그런데 불행하게도 죄인은 재판관이신 하나님께 직접 돌이킬 수 없다. 그분은 너무나 거룩하셔서 죄와 죄인을 용납하시지 않기 때문이다. 그러나 여기에 복음이 있으니, 곧 그 하나님께 돌이킬 수 있는 은혜의 방법이 마련되었기 때문이다. 하나님이 친히 마련하신 방법은 당신의 아들 예수 그리스도이다. 그 아들은 죄인과 하나님 사이를 연결해주는 징검다리가 되셨으며, 그 징검다리를 통해 건너면 하나님께로 나아갈 수 있다.

2. 몸

그 징검다리는 죄인을 위해 하나님이 마련하신 은혜의 선물이다. 바울 사도는 그 다리를 중보자라고 하면서 다음과 같이 묘사했다. "하나님은 한 분이시요 또 하나님과 사람 사이에 중보자도 한 분이시니, 곧 사람이신 그리스도 예수라. 그가 모든 사람을 위하여 자기를 대속물로 주셨으니, 기약이 이르러 주신 증거니라"(딤전 2:5-6). 그렇다! 죄인이 그의 악한 길에서 돌이킨 후, 반드시 그 중보자를 통해 하나님께로 나아와야 한다.

1) 회개와 믿음
하나님과 죄인 사이의 중보자이신 예수 그리스도는 '하나님의 나라가 가까이 왔으니, 회개하고 **믿으라**'고 하셨는데, 그 말씀은 공생애를 시작하면서 전하신 최초의 메시지였다. 왜 최초의 메시지를 '회개와 믿음'으로 선택하셨는가? 그 두 가지를 통하지 않으면 어떤 죄인도 구원받을 수 없기 때문이다. '회개와 믿음'은 동전의 양면과 같아서 절대로 떼려야 뗄 수 없는 한 덩어리이다. 회개가 있으면 믿음이 따라야 하고, 믿음은 회개를 전제로 해야 한다.

예수 그리스도만 '회개하고 믿으라'고 하시지 않았다. 바울 사도가 에베소의 장로들에게 한 증언을 들어보자. "유대인과 헬라인들에게 하나님께 대한 *회개*와 우리 주 예수 그리스도께 대한 **믿음**을 증언한 것이라"(행 20:21). 그의 증언에 의하면, 회개는 하나님께 돌이키는 행위를 가리키고, 믿음은 하나님과 죄인의 중보자이신 예수 그리스도를 받아들이는 것이다. 신약성경 27권 중 13권이나 저술한 바울의 중요한 증언이다.

신약성경은 사복음서와 바울서신 및 일반서신으로 이루어졌다. 그러므로 예수 그리스도의 말씀은 복음서를 대표하고, 바울의 증언은 그의 서신을 대표한다. 그렇다면 일반서신에는 없는가? 물론 있다! 일반서신 가운데 히브리서는 '교훈의 터'를 언급하면서 이렇게 회개와 믿음을 언급한다. "그러므로 우리가 그리스도의 도의 초보를 버리고 죽은 행실을 *회개함*과 하나님께 대한 **신앙**과…"(히 6:1). 이 말씀의 신앙은 믿음과 같은 표현이다.

그런데 왜 신약성경에서 '회개와 믿음'이 함께 사용된 말씀은 이처럼 세 곳뿐이고, 나머지는 회개나 믿음을 각각 따로 사용했는가? 베드로는 믿음을 빼고 회개만 사용했다. "너희가 *회개하여* 각각 예수 그리스도의 이름으로 세례를 받고 죄 사함을 받으라. 그리하면 성령의 선물을 받으리니…" (행 2:38). 그 이유는 간단하다! 회개에는 믿음이 이미 내포되었기 때문이다. 회개와 믿음을 중복해서 사용하지 않은 것뿐이다.

믿음도 마찬가지이다! 믿음에는 당연히 회개를 전제로 한다. 어떻게 회개하지 않고서 믿음을 구사할 수 있겠는가? 그런 이유로 신약성경의 많은 저자는 회개와 믿음을 중복하지 않고 믿음만을 사용했다. 한 실례를 들어보자. "너희는 그 은혜에 의하여 **믿음**으로 말미암아 구원을 받았으니, 이것은 너희에게서 난 것이 아니요 하나님의 선물이라" (엡 2:8). 믿기만 하면 구원받는다는 메시지에는 언제나 회개가 깔려있다.

2) 성령

성령이 끌어당기지 않으시면 죄인이 회개할 수 없는 것처럼, 성령이 도우시지 않으면 믿고 구원받을 수 없다. 성령은 구체적으로 어떻게 도우시는가? 먼저, 죄에 대한 하나님의 말씀을 들을 때 성령은 그의 죄를 책망하신다. 그다음, 성령은 그 죄에서 돌이키지 않으면 안 된다는 절박감을 주신다. 그 후, 성령은 그를 대신해서 심판을 받으신 예수 그리스도의 십자가를 알려주신다. 마지막으로, 성령은 그로 예수 그리스도 앞으로 나아오라고 부르신다.

그 부르심에 적극적으로 반응하면 구원을 받는데, 그 반응이 믿음이다. 성령이 죄인을 부르실 때 그는 믿음으로 반응해야 한다. 그렇게 반응하면 그는 구원을 받아 성도가 된다: "하나님의 사랑하심을 받고 성도로 부르심을 받은 모든 자"(롬 1:7). 그러나 믿음으로 받아들이지 않으면 구원을 받지 못한다. "그들과 같이 우리도 복음 전함을 받은 자이나, 들은 바 그 말씀이 그들에게 유익하지 못한 것은 듣는 자가 **믿음**과 결부시키지 아니함이라"(히 4:2).

하나님이 성령을 통해 은혜로 죄인을 부르시기에 믿음의 시발점은 하나님이다. 그러나 그렇게 부르심을 받은 죄인은 적극적으로 반응해야 한다. 그런 이유로 믿음에는 신적 요소와 인간적 요소가 공존한다. 비록 하나님이 믿음의 시발점이나, 그렇다고 하나님이 죄인을 대신해서 믿어주실 수 없다. 그러므로 죄인이 복음의 말씀을 들을 때 믿음으로 복음의 주인이신 예수 그리스도를 그의 구주로 받아들여야 한다.

그는 예수 그리스도를 영접하기 위해 자신을 비워야 한다. 자신을 비우기 위해서는 성령의 도움이 있어야 한다. 그렇게 비울 때 그는 비로소 인격적으로 그분을 그의 구주로 영접할 수 있다. 그런 이유로 믿음에는 소극적인 면과 적극적인 면이 공존한다. 자신을 비우는 것은 소극적이나, 예수 그리스도를 영접하는 결단은 적극적이다. 위에서 언급한 것처럼, 전자는 성령의 역사로 가능하나, 후자는 인격적 결단으로 가능하다.

믿음의 대상은 예수 그리스도이며, 그분을 소개하는 것은 하나님의 말씀이다. 그러므로 믿음은 말씀에 들어있는 진리를 근거로 예수 그리스도를 받아들이는 것이다. 죄인이 말씀을 들을 때 성령이 함께하면서 그의 마음에 빛을 던져주신다. 그 빛은 죄인으로 깨우치고, 책망하고, 마침내 그를 그리스도 예수께로 인도한다. 그런 이유로 믿음의 확실한 근거는 변치 않는 하나님의 말씀이고, 그 말씀을 깨닫게 하시는 역사는 성령의 몫이다.

3) 마음

바울 사도는 마음heart으로 믿어야 한다고 힘주어 언급한다. "사람이 마음으로 믿어 의에 이르고 입으로 시인하여 구원에 이르느니라" (롬 10:10). 왜 '마음으로 믿어야 의에 이르는가?' 우선, '의에 이르다'는 것은 앞으로 보겠지만, '의롭다 하심', 곧 칭의justification를 뜻한다. 구원의 핵심인 '의롭다 하심'을 가능하게 하는 매개는 믿음인데, 단순히 머리로만 인정하는 믿음이 아니라, '마음으로 믿는' 믿음이다.

왜 '마음으로 믿어야 의에 이르는가?' 그 이유는 마음은 인간의 중심이며, 영혼이 기능하는 자리이며, 따라서 기독교 신앙의 근원이며 뿌리이기 때문이다. 그 마음 안에 느낌, 감정 및 욕망과 욕구가 자리한다. 그뿐 아니라, 마음은 이해, 사고 및 반성의 근원이다. 또 있다! 마음은 의지의 근원이며 결단의 원천이다. 결국, '마음으로 믿어'는 전인격적으로 온전히 받아들이는 것을 뜻한다. 다시 말해서, 그의 인격과 삶으로 하나님을 신뢰하는 것이다.

그러므로 '마음으로 믿어'에는 당연히 지적인 면이 포함된다. 그 이유는 너무나 간단하다! 알지 못하는 분을 어떻게 믿을 수 있는가? 죄인은 적어도 그리스도 예수가 그를 위해 무엇을 하셨는지 알아야 한다. 그분의 구속적 죽음과 부활을 알지 못한다면, 마음으로 믿을 수 없다. 만일 그 사실을 알지 못하고 믿는다면, 그것은 믿음이 아니라 미신이다. 그렇다고 그분에 대해서 다 알아야 한다는 말도 아니다. 하나님의 말씀에 제시된 그분의 죽음과 부활을 알면 된다.

'마음으로 믿어'에는 감정적인 면도 포함된다. 물론 감정의 표현은 사람마다 다를 수 있지만, 그래도 감정이 들어가야 한다. 회개할 때 그의 죄에 대해 슬퍼했다면, 그의 죗값을 대신 짊어지고 십자가에서 피를 쏟으며 죽으신 분에게 고마운 마음을 갖지 않을 수 없다. 성령은 지적인 면도 터치하시지만, 감정적인 면도 터치하신다. 그때 혹자는 그 감정을 억제하지 못하고 눈물과 콧물로 폭발하기도 한다.

'마음으로 믿어'에는 의지적인 면도 포함된다. 궁극적으로 믿음은 신뢰이다. 자신의 구원을 위해 전적으로 예수 그리스도께

자신을 맡기는 것이다. 신뢰에는 순종도 들어있다. 사도 요한
도 믿음(신뢰)과 순종을 번갈아 가며 사용했다. "아들을 믿는
자에게는 영생이 있고, 아들에게 순종하지 아니하는 자는 영생
을 보지 못하고 도리어 하나님의 진노가 그 위에 머물러 있느니
라"(요 3:36). 순종으로 연결되지 않는 신뢰는 진정한 신뢰가
아니다.

3. 꼬리

믿음에는 여러 단계가 있다. 불신자에게도 흔들리지 않는 믿
음이 있다. 예를 들면, 그는 비행기를 믿고 그의 인생을 맡긴
다. 신자의 일반적인 믿음도 있는데, 예를 들면, 하나님이 그의
일용할 양식을 채워주시리라는 믿음이다. 얼마나 놀랍고 귀한
믿음인가? 그러나 그런 믿음 때문에 구원받는 것은 아니다. 그
다음 단계가 구원의 믿음이다. 그것은 예수 그리스도가 십자가
에서 죽으셨다가 부활하신 사실을 구체적으로 그리고 경험적으
로 믿는 믿음이다.

'구원의 믿음'은 구원받기 위하여 없어서는 안 되는 중요한
믿음이다. 그런 믿음을 위해 성령이 임하셔서 구원의 말씀을
듣는 사람을 부르셔서 구주이신 예수 그리스도를 신뢰하게 하
신다. 그때 그 사람은 '마음으로 믿어 의에 이른다.' 죄인이 변

하여 성도가 되며, 예수 그리스도 밖에 있던 그가 예수 그리스도 안으로 들어오며, 하나님을 알지 못하던 그가 하나님을 아버지로 알게 된다. 만일 그에게 겨자씨만큼 작은 믿음만 있으면 말이다 (마 17:20).

인간 편에서 두 가지 신앙 행위를 구사하면,
하나님 편에서 세 가지 은혜를 퍼부어주신다.
두 가지 신앙 행위는 회개와 믿음인데, 그렇게 할 때 하나님은
그 사람에게 칭의와 중생과 양자를 허락하신다.
그런데 인간 편에서 신앙 행위와 하나님 편에서 은혜를 주시는 매개는
성령이다. 성령의 도움이 없다면 어떤 죄인도 회개하고 믿을 수 없다.
그뿐 아니라, 성령의 역사가 없다면 어떤 사람도 칭의와 중생과 양자의
은혜를 경험할 수 없다.
인간의 구원을 위해 예수 그리스도가 하나님과 인간 사이에서
양팔을 벌리고, 팔 하나는 하나님을 붙잡고 다른 팔은 인간을 붙잡으신다.
그러므로 예수 그리스도는 하나님과 인간 사이의 중보자이시다.
바울 사도의 증언이다.
"하나님은 한 분이시요 또 하나님과 사람 사이에
중보자도 한 분이시니 곧 사람이신 그리스도 예수라" (딤전 2:5).
그렇게 하나님과 인간 사이에 중보자가 되신 목적은
모든 사람이 그분의 팔을 잡으라는 것이다 (딤전 2:4).
그런데 간과하기 쉬운 것이 있다.
예수 그리스도의 중보자 사역이 너무나 크고 은혜로운 나머지
성령의 역할이 뒷전으로 밀려나기 쉽다. 성령의 도우심이 없으면
어떤 사람도 양팔을 벌리고 계시는 그리스도 예수를 붙잡을 수 없는데도
말이다. 성령의 도움으로 죄인은 거룩하신 하나님과 죄 많은 자신을
연결해주시는 '길이요 진리요 생명이신' 예수 그리스도를 깨닫고,
나와서, 영접하고, 그리고 삼중적인 구원을 경험할 수 있다.

3

구원을
위하여

1장 칭의

"너희 중에 이와 같은 자들이 있더니,
주 예수 그리스도의 이름과 우리 하나님의 성령 안에서
씻음과 거룩함과 **의롭다 하심**을 받았느니라"
(고린도전서 6:11)

1. 머리

죄인이 하나님께로 돌이키는 방편은 회개와 믿음이다. 물론 성령의 도우심이 없다면 죄인은 하나님의 뜻대로 회개할 수도 없다. 바울 사도의 확언이다. "*하나님의 뜻대로 하는 근심은 후회할 것이 없는 구원에 이르게 하는 회개를 이루는 것이요, 세상 근심은 사망을 이루는 것이니라*"(고후 7:10). 대조적인 실례가 베드로와 가룟 유다이다. 베드로는 *하나님의 뜻대로* 회개했기에 구원을 경험했으나, 가룟 유다는 자신의 방법으로 회개하여 구원에 이르지 못했다.

베드로는 어떻게 회개했기에 하나님의 뜻대로 했는가? 두 가지가 있는데, 하나는 주님이 그의 믿음을 위해 기도해주셨다. "그러나 내가 너를 위하여 네 믿음이 떨어지지 않기를 기도하였노니, 너는 돌이킨 후에 네 형제를 굳게 하라"(눅 22:32). 둘은 주님의 말씀에 따라서 회개했다. "주께서 돌이켜 베드로를 보시니 베드로가 주의 말씀, 곧 오늘 닭 울기 전에 네가 세 번 나를 부인하리라 하심이 생각나서, 밖에 나가서 심히 통곡하니라"(눅 22:61-62).

2. 몸

죄인도 베드로처럼 회개하고 말씀을 근거로 믿으면, 그도 하나님으로부터 '의롭다 하심'을 받는다. 다른 말로 하면, 그의 모든 죄가 사해진다. 히브리서 저자는 그 사실을 이렇게 증언했다. "또 그들의 죄와 그들의 불법을 내가 다시 기억하지 아니하리라"(히 10:17). 하나님은 그 죄인을 얼마나 철저하게 사해주시는지, 그의 죄를 하나도 기억하지 않으신다. 하나님이 보시기에 그는 이제부터 죄인이 아니다. 그도 하나님처럼 죄가 없는 것으로 여겨주신다.

1) "의롭다 하심"

고린도 사람들의 죄들은 다양하고도 깊었는데, 곧 음행, 우상 숭배, 간음, 탐색, 남색, 도적질, 탐욕, 술 취함, 모욕, 속여 뺏음 등이었다 (고전 6:9-10). 그런데 그런 죄들에 연루된 죄인들 가운데 '씻음과 거룩함과 의롭다 하심을 받은' 사람들이 생겼다. 그들이 그렇게 변화된 것은 바울 사도가 전한 복음의 결과였다. 그는 두렵고 떨림으로 십자가에 못 박히신 예수 그리스도를 전했는데, 성령의 능력이 나타나기를 원했기 때문이었다 (고전 2:2-4).

바울 사도가 기도한 대로 성령이 능력으로 역사하셨다. 그렇게 더러운 죄들에 빠졌던 죄인들이 '씻음과 거룩함과 의롭다 하심을 받다니', 성령의 임재와 역사가 없었다면 절대로 가능하지 않은 변화였다. 바울 사도는 그런 변화를 기억하면서 감격에 휩싸여 선언했는데, 그 선언이 바로 '씻음과 거룩함과 의롭다 하심'이었다. 그렇다! 그들의 죄들이 확실히 씻겨지지 않았다면 그처럼 혁혁한 변화는 절대로 가능하지 않은 역사였다.

'씻음'은 두 가지를 연상시키는데, 하나는 구약의 정결 의식에 사용된 물이고, 또 하나는 신약에 제시된 예수 그리스도의 피다. 십중팔구 바울 사도는 그들의 죄가 씻겨졌다고 선언할 때 물과 피를 염두에 두었을 것이다. 후에 사도 요한도 물과 피를 예수 그리스도에게 적용하면서 이렇게 가르쳤다. "이는 물과 피로 임하신 이시니 곧 예수 그리스도시라; 물로만 아니요 물과 피로 임하셨고, 증언하는 이는 성령이시니 성령은 진리니라"
(요일 5:6).

그러니까 고린도 교인들은 예수 그리스도의 물과 피로 씻김을 받았는데, 그 사실을 증언하신 분은 바로 성령이었다. 그 성령은 그들을 변화시키셨고, 그리고 후에는 그 변화를 증언하셨다. 그런 변화를 강조하기 위해 바울 사도는 '거룩함'이라고 묘사했다. '거룩함'의 가장 기본적인 뜻은 '다르다', '분리하다'이다. 고린도 교인들은 그렇게 험악한 죄들에서 씻김을 받은 후, 그 모든 죄로부터 분리해서 거룩한 삶을 영위하기 시작했다.

바울 사도는 더 나아가서 그들이 '의롭다 하심'을 받았다고 선언했다. 그 이유는 간단하다! 그 죄인들이 거룩한 삶을 살게 된 중요한 원인은 그들이 하나님처럼 의로워졌기 때문이다. 이미 언급한 것처럼, '의롭다 하심'은 모든 죄가 사해졌기에 하나님처럼 의롭게 되었다는 사실을 선언한 것이다. 어떻게 그들은 그렇게 '의롭다 하심'을 받을 수 있었는가? 바울 사도는 두 가지를 제시했는데, 곧 '주 예수 그리스도의 이름으로'와 '성령 안에서'이다.

2) "주 예수 그리스도의 이름으로"

고린도 사람들을 극적으로 변화시킨 매개가 둘인데, 하나는 '주 예수 그리스도의 이름'이다. 그분의 이름은 엄청난 권위와 능력을 지닌다. 그렇지 않다면 그리스도인들이 기도할 적마다 그분의 이름으로 하지 않을 것이다. 한 번은 베드로와 요한이 나면서 앉은뱅이가 된 걸인을 일으켰는데, 그 능력은 예수 그리스도의 이름에서 나왔다. 베드로의 증언이다: "내게 있는 이것을 네게 주노니, 나사렛 예수 그리스도의 *이름*으로 일어나 걸으라"(행 3:6).

그분의 이름에는 이처럼 병마를 고칠 수 있는 능력이 있을 뿐 아니라, 죄인으로 회개하게 하는 능력도 있다. 그분의 말씀을 직접 들어보자. "또 이르시되 이같이 그리스도가 고난을 받고 제삼일에 죽은 자 가운데서 살아날 것과 또 그의 *이름*으로 죄 사함을 받게 하는 회개가 예루살렘에서 시작하여 모든 족속에게 전파될 것이 기록되었으니, 너희는 이 모든 일의 증인이라"(눅 24:46-48). 그렇다! 그분의 이름으로 회개하면 죄를 용서받는다.

주님으로부터 이 약속을 직접 들었을 뿐 아니라, 그분의 이름으로 앉은뱅이를 일으킨 베드로는 확신으로 가득해서 이렇게 선포하기도 했다. "다른 이로써는 구원을 받을 수 없나니, 천하 사람 중에 구원을 받을 만한 다른 *이름*을 우리에게 주신 일이 없음이라 하였더라"(행 4:12). 그런 선언은 그분의 이름만이 죄인들을 심판과 지옥에서 건져낼 수 있는 유일무이한 이름이라는 것이다. 그분의 이름은 그분을 대표하기 때문이다.

도대체 예수 그리스도는 무엇을 하셨길래 그분의 이름이 그토록 놀라운 능력을 지녔는가? 그분은 죄인들의 회개와 구원을 위하여 십자가의 고난을 마다하지 않으셨다. 그분의 몸은 머리 끝에서부터 발끝까지 온통 피로 범벅이 되어 있었다. 그분이 십 자가에서 흘리신 피는 고린도 사람들의 흉악한 죄라도 씻어줄 수 있는 능력이 있었다. 그렇다! 그분의 피는 죄인들을 사해주 는 능력이 있기에, 그분의 이름에는 그 피도 포함되어 있었다.

그리스도 예수는 그렇게 십자가에서 처참하게 죽으셨지만, 그것으로 끝장이 아니었다. 그분은 죽은 지 삼일만에 살아나심 으로 모든 죄가 사해졌다고 선포하셨다. 그렇지 않다면 어떻게 그처럼 비루한 죄들을 지면서 살던 고린도 사람들이 변화되어 거룩해지고 또 의롭다 하심을 받을 수 있었겠는가? 그들이 하나 님처럼 의로워졌다는 것은 그리스도 예수가 부활하셨기에 가능 한 역사였다. 과연 예수 그리스도의 이름은 그분의 죽음과 부활 을 내포하는 능력의 이름이다.

3) "성령 안에서"

'예수 그리스도의 이름'은 엄청난 능력을 지니고 있다. 그러나 그 능력을 죄인들에게 알리며, 적용하며, 믿게 하는 매개—두 번째 매개—는 성령이다. 예수 그리스도가 죄인들을 위해 죽으 셨고 부활하셨지만, 그처럼 놀라운 역사적 사건도 성령의 임재 와 책망의 역사가 없다면 어떤 죄인도 구원할 수 없다. 그런 사 실을 성경적으로나 경험적으로나 너무나 잘 아는 바울 사도는 고린도 교인들이 '예수 그리스도의 이름으로'와 '성령 안에서' 변화되었다고 선언했다.

이미 언급한 대로, 성령의 도움으로 고린도의 죄인들이 회개와 믿음을 구사할 수 있었으며, 그 결과 구원을 경험했다. 그러나 바울 사도는 그들이 믿음으로 구원받았노라고 간단히 묘사했다. '…하나님께서 전도의 미련한 것으로 *믿는 자들을 구원하시기를 기뻐하셨도다*' (고전 1:21). 그러니까 그들은 한편 성령의 역사로 인하여, 또 한편 그들의 믿음으로 인하여, '씻김을 받았고, 거룩해졌고, 또 의롭다 하심'을 받았다.

바울 사도는 고린도 교인들에게 보낸 두 번째 편지에서 율법과 성령의 관계에 관한 매우 중요한 사실을 언급한 적이 있다. "그가 또한 우리를 새 언약의 일꾼 되기에 만족하게 하셨으니, 율법 조문으로 하지 아니하고 오직 영으로 함이니 율법 조문은 죽이는 것이요 영은 살리는 것이니라" (고후 3:6). 영적으로 죽었던 죄인을 살리는 것은 율법 조문이 아니라, 성령이라는 것이다. 성령의 임재가 없다면, 예수 그리스도의 복음도 율법 조문이 될 수 있다는 말이다.

예수 그리스도 자신도 당신의 죽음을 상징하는 '살과 피'를 말씀하시면서 (요 6:53), 결론적으로 이렇게 힘주어서 말씀하셨다. "살리는 것은 영이니 육은 무익하니라; 내가 너희에게 이른 말은 영이요 생명이라" (요 6:63). 그렇다! 영적으로 죽은 죄인을 살리는 것은 영, 곧 성령이다. 그런데 그분이 하신 말씀도 역시 '영이요 생명이다.' 그러나 전제 조건이 있는데, 그것은 성령이 임하셔야 한다는 것이다. 성령이 역사하실 때 그 말씀은 '영이요 생명'이 된다.

존 칼뱅John Calvin은 본문을 해석하면서 그리스도와 성령의 관계를 이렇게 요약했다. "그리스도를 통한 씻김과 의는 성령의 역사로 이루어지지 않는다면 가능하지 않다. 그런 이유로 바울은 그리스도와 성령을 함께 언급한다. 결국, 그리스도는 *씻김과 거룩함과 의롭다 하심*의 원천이시지만, 그것들이 우리에게 적용되는 것은 성령을 통해서이다. 우리는 믿음으로 그리스도를 영접하지만, 성령은 우리로 그 은혜들을 받게 하신다. 믿음의 매개는 성령이시다."

3. 꼬리

'의롭다 하심', 곧 칭의稱義를 언급할 때는 그리스도 예수의 사역—죽음과 부활—과 인간의 믿음이 강조된다. 그 사실을 바울 사도는 특히 로마서에서 강조한다 (롬 3:24, 4:25, 5:1). 그러나 그는 그 사실만으로는 칭의를 다 제시했다고 믿지 않았음이 틀림없다. 그 이유는 간단하다! 고린도 교회에 보내는 첫 번째 편지에서 그들이 '성령 안에서' 의롭다 하심을 받은 사실을 명명백백하게 제시했기 때문이다.

이 장의 본문에는 삼위의 하나님도 등장하시는데, 다시 본문을 인용해보자. "주 예수 그리스도의 이름과 우리 하나님의 성령 안에서 씻음과 거룩함과 의롭다 하심을 받았느니라." 성자 하나님이 구속적 죽음을 맛보지 않으셨다면, '의롭다 하심'은 불가능하다. 성부 하나님이 죄를 사해주지 않으신다면, 어떤 죄인도 '의롭다 하심'을 받을 수 없다. 그뿐 아니라, 성령 하나님이 도와주지 않으신다면, 믿음과 '의롭다 하심'은 불가능하다.

2장 중생

"우리를 구원하시되 우리가 행한 바 의로운 행위로 말미암지 아니하고,
오직 그의 긍휼하심을 따라 중생의 씻음과
성령의 새롭게 하심으로 하셨나니,
우리 구주 예수 그리스도로 말미암아 우리에게 그 성령을 풍성히 부어 주사,
우리로 그의 은혜를 힘입어 의롭다 하심을 얻어
영생의 소망을 따라 상속자가 되게 하려 하심이라"
(디도서 3:5-7)

1. 머리

죄인이 회개와 믿음을 구사할 때, 그는 두 가지를 동시에 경험하는데, 곧 칭의와 중생이다. 죄인이 성령의 책망을 받을 때, 그가 지금까지 범한 많은 죄 때문에 괴로워한다. 그 괴로움은 다른 말로 하면 죄의식the sense of guilt이다. 그 죄의식은 심판관이신 하나님이 아시기에 일어나는 느낌이다. 그 느낌은 그의 모든 죄를 위해 주님의 죽음과 부활을 근거로 하나님이 용서해주시는데, 그 용서가 다름 아닌 칭의이다.

하나님이 그를 의롭다고 선언하시는 순간, 그는 하나님처럼

의로워진 것으로 여겨진다. 그렇게 깨끗해진 그에게 하나님은 또 다른 은혜를 부어 주시는데, 곧 중생重生이다. 쉽게 말해서 성령이 그의 마음 안으로 들어가신다. 죄인은 온갖 죄들을 분출하는 부패corruption한 심성心性을 가지고 있었다. 그런데 이게 웬 은혜인가? 그 심성에 성령이 내주하셔서 내적인 변화를 경험하게 하시다니! 성령은 그렇게 부패의 문제를 해결해주셨다.

2. 몸

칭의와 중생은 동시적인 사건이지만, 이론적으로는 순서가 있다. 칭의가 먼저 오고 그 뒤를 따르는 것이 중생이다. 그 이유는 간단하다! 깨끗해지지 않은 더러운 그릇에 거룩한 영이 들어올 수 없기 때문이다. 달리 설명하면, 칭의는 하나님 편에서 법적으로 선언해주시는 은혜이다. 그러나 중생은 성령의 내주內住로 인한 경험이다. 칭의는 객관적이며 외적이나, 중생은 주관적이며 내적이다. 중생으로 인해 삶의 방법이 바뀌고, 인생의 목적이 변화된다.

1) 경험

본문에서도 칭의와 중생을 동시에 언급하고 있다. 그 이유는 위에서 언급한 것처럼 인간 편에서 회개와 믿음을 구사할 때, 하나님 편에서 '의롭다 하심'과 '중생'을 동시에 허락하시기 때문이다. 본문에서도 삼위의 하나님이 등장하시는데, '의롭다 하시'는 분은 재판관이신 하나님이다. 물론 '하나님'이란 표현은 없지만, 그 동사는 '하나님'을 함축한다. 그리고 '예수 그리스도로 말미암아 우리에게 그 성령을 풍성히 부어 주셨다.' 라고 본문에서 설명하고 있다.

그런데 본문을 세심히 보면, 삼위의 하나님 가운데서 성령의 역할이 두드러진다. 먼저, 우리에게 '성령을 풍성히 부어 주셨다.' 이 묘사는 성령이 우리 안에 임하셨는데, 단순히 임하신 것만이 아니라 '풍성히' 임하셨다는 뜻이다. 이것처럼 확실한 경험을 달리 찾기란 쉽지 않을 것이다. 초대교회에 성령이 충만하게 임하신 것처럼 (행 2:4), '우리' 개개인에게도 임하셔서 우리를 완전히 변화시키셨다는 뜻이다.

그런 경험적 변화를 본문은 이렇게 묘사한다: '중생의 씻음과 성령의 새롭게 하심!' '씻음'은 헬라어로 '물두멍'의 뜻을 내포하기에, 구약의 제사장이 성소로 들어가기 전에 물두멍에서 손발을 씻는 의식을 상기시킨다. 그렇게 씻기 전에 그는 번제단에서 그의 죄를 대속하기 위해 송아지를 제물로 드렸다. 그때 그의 죄가 용서되었고, 그 후 물두멍에서 씻었다. 그 두 가지 사실을 본문에 적용하면, 죄의 용서는 '의롭다 하심'이고 몸을 씻는 것은 '중생'이다.

이미 설명한 것처럼 칭의와 중생은 동시적인 은혜지만, 적용은 칭의가 먼저이고 중생이 나중이다. 송아지의 죽음은 제사장을 위한 외부적이며 객관적인 사실이나, 씻음은 내부적이고 주관적인 경험이다. 은혜의 시대인 현재에도 예수 그리스도의 죽음은 우리를 '의롭다 하시기' 위한 하나님의 역사지만, '중생의 씻음'은 우리가 손수 경험하는 성령의 역사이다. 그 성령이 그리스도 예수의 피로 깨끗해진 우리 안에 들어오시는 경험이다.

그렇게 우리 안에 내주하신 성령은 이제부터 우리를 위해 역사하기 시작하신다. 그 역사를 '성령의 새롭게 하심'이라고 본문은 부연한다. 중생을 경험한 사람, 곧 영적 생명이 주어진 사람은 필연적으로 그 성령의 역사로 변화된다. 그 변화를 '새롭게 하심'이라고 하는데, 그 뜻은 마음과 인생이 변화되었다는 말이다. 우리에게 영적 생명이 주어졌기에 그 생명은 끊임없이 성장하면서 끊임없는 변화를 경험하게 한다. 얼마나 놀라운 중생의 경험인가!

2) 용어

'중생'은 한글성경 전체에서 딱 한 번밖에 나오지 않는 단어이다. 그렇다고 그 단어의 뜻이 중요하지 않다는 말은 아니다. 비록 한 번밖에 나오지 않지만, 그 단어의 뜻은 말할 수 없이 중요하다. 그 이유는 간단하다! 어떤 사람도 중생을 경험하지 못하면, 그는 구원을 경험하지도 못할 뿐 아니라, 하나님의 뜻대로 사는 힘과 능력도 없다. 그런 이유로 인해 모든 사람은 중생을 경험하지 않으면 안 된다.

비록 '중생'이란 단어가 한 번만 나오지만, 그 단어와 같은 뜻을 가진 용어는 제법 다양하다. 물론 그 다양한 용어의 원뜻은 같지만, 강조점은 다르다. 가장 잘 알려진 단어는 '낳다'이다. 두말할 필요도 없이, 모든 인간은 부모가 낳아서 세상에 태어났다. 그것은 육신적인 낳음이다. 또 다른 낳음이 있는데, 그것은 영적 낳음이다. 예수님은 영적 낳음을 '거듭남'이라고 말씀하셨다 (요 3:3). 그 '거듭남'은 직역하면 '다시 낳다', '위에서 낳다'이다.

예수님은 거듭나는 방법도 알려주셨는데, 곧 '물과 성령'으로 나야 한다 (요 3:5). 그렇게 거듭난 사람들만이 하나님의 사람인데, 하나님이 낳으셨기 때문이다. "이는 혈통으로나 육정으로나 사람의 뜻으로 나지 아니하고, 오직 하나님께로부터 난 자들이니라" (요 1:13). 하나님은 말씀으로 사람들을 낳으신다. "그[아버지]가 그 피조물 중에 우리로 한 첫 열매가 되게 하시려고 자기의 뜻을 따라 진리의 말씀으로 우리를 *낳으셨느니라*" (약 1:18, 벧전 1:23 참고).

영적으로 죽은 죄인들은 중생하지 않으면 안 된다. 그들에게는 그리스도의 영이 내주하시지 않는다. 죽은 자들이 살아나는 것은 부활이기에, 중생을 부활로 묘사하기도 한다. 예수님의 말씀이다. "아버지께서 죽은 자들을 일으켜 *살리심* 같이 아들도 자기가 원하는 자들을 *살리느니라*" (요 5:21, 25 참고). 바울 사도도 역시 중생을 부활로 묘사했다. "허물로 죽은 우리를 그리스도와 함께 *살리셨고* (너희는 은혜로 구원을 받은 것이라)"(엡 2:5, 롬 6:13 참고).

사도 요한은 중생을 '생명'이라고도 했다. "아들이 있는 자에게는 *생명*이 있고, 하나님의 아들이 없는 자에게는 생명이 없느니라"(요일 5:12). 하나님이 새로운 생명을 주셨기 때문이다. 그렇게 생명을 주신 것을 바울 사도는 '만드심' 내지 '지으심'이라고 묘사했다. "우리는 그가 *만드신* 바라; 그리스도 예수 안에서 선한 일을 위하여 *지으심*을 받은 자니 이 일은 하나님이 전에 예비하사 우리로 그 가운데서 행하게 하려 하심이니라"(엡 2:10, 4:24 참고).

3) 종말

비록 한글성경에는 '중생'이란 단어가 한 번만 나오지만, 헬라어성경에는 한 번 더 나온다. "예수께서 이르시되, '내가 진실로 너희에게 이르노니 세상이 *새롭게 되어* 인자가 자기 영광의 보좌에 앉을 때에 나를 따르는 너희도 열두 보좌에 앉아 이스라엘 열두 지파를 심판하리라'"(마 19:28). 이 말씀에서 '새롭게 되어'는 '중생'과 같은 단어로, *팔링게네시아* (παλιγγενεσία)이다. 그런데 이 단어가 세상이 '새롭게 되어'로 번역되면서 마지막 때를 가리킨다.

'중생'은 '거듭남'의 뜻이지만, 동시에 마지막 때를 가리키고 있다는 사실은 매우 중요하다. 왜 중요한가? '중생'은 성령의 내주인데, 그때 '영생'이 주어진다. 영생은 현재는 물론이고 미래의 삶을 포함한다. 다시 말해서, 중생을 경험한 사람은 영원히 산다. 마지막 때에도 역시 그 생명을 누린다는 말인데, 예수님도 이렇게 확언하셨다. "내 아버지의 뜻은 아들을 보고 믿는 자마다 영생을 얻는 이것이니, 마지막 날에 내가 이를 다시 살리리라 하시니라"(요 6:40).

'마지막 날에 다시 살리신다'는 약속은 육체의 변화도 포함한다. 우리가 비록 중생했지만, 여전히 연약한 육체를 가지고 살아간다. 그 육체로 인해 거듭난 그리스도인들도 얼마나 많은 문제를 안고 사는지 모른다. 그렇다면 '중생의 씻음과 성령의 새롭게 하심'의 경험으로 우리는 연약성(infirmity)을 극복할 수 없단 말인가? 그렇지 않다! 성령으로 인해 중생한 사람은 현재에도 성령이 반복적으로 새롭게 하시지만, 마침내 우리의 몸을 영광스럽게 변화시키신다.

중생의 역사를 일구신 성령은 우리를 끝까지 책임지고 붙드시며, 마침내 예수 그리스도 우리 주님의 몸처럼 변화시켜 주신다(요일 3:2). 그런 이유로 중생을 포함하는 본문도 '영생의 소망을 따라 상속자가 되게 하려 하심이라'는 약속을 첨부했다. 그렇다! '중생의 씻음'을 경험한 그리스도인은 '영생의 소망'을 가지고 있을 뿐 아니라, '세상이 새롭게 되어' 주님이 통치하시는 하늘나라에서 그분과 같이 상속을 받을 *상속자*가 될 것이다.

그렇다! 현재의 중생은 마지막 때까지 연결되는 놀라운 경험이며 약속이다. 그런 사실을 염두에 두고 예수님도 거듭남을 두 가지로 말씀하셨다. "사람이 거듭나지 아니하면 하나님의 나라를 볼 수 없느니라"(요 3:3). 이 말씀은 변화되어 하나님의 나라를 경험하는 현재의 경험을 가리킨다. "사람이 물과 성령으로 나지 아니하면 하나님의 나라에 들어갈 수 없느니라"(요 3:5). 이 말씀은 마지막 때에 하나님의 나라에 들어가는 복 중의 복을 가리킨다.

3. 꼬리

다시 구약의 제사장과 성막으로 돌아가 보자. 제사장은 지성소에 들어가기 전에 반드시 거쳐야 할 것이 있다. 먼저, 그의 죄의 문제를 해결해야 하는데, 그는 송아지를 번제단에 드림으로 그 문제를 해결했다. 그는 하나님 보시기에 의로워진 것이다. 그다음, 그는 물두멍에서 손발을 씻었는데, 그것은 '중생의 씻김'의 모형이다. 그 두 의식을 통해 그는 칭의와 중생을 경험한 셈이다. 그는 이제 성소에 들어갈 자격을 획득한 것이다.

등대와 떡과 향이 있는 성소에서 그는 변화된 삶을 누리기 시작한다. 빛과 떡이신 예수 그리스도와 깊은 교제를 누리며, 동시에 다른 그리스도인들과도 교제를 누리면서 기도도 한다. 그러나 궁극적으로는 지성소에 들어가서 하나님을 만나기 위함이다. 그곳에 좌정하신 하나님은 천국에 좌정하신 하나님이시다 (계 21:3). 마지막 때에 이루어질 그 천국의 시발점은 칭의와 중생이다. 칭의와 중생을 경험한 그리스도인들만이 소망하고 고대하는 천국이다.

3장 양자

"너희는 다시 무서워하는 종의 영을 받지 아니하고
양자의 영을 받았으므로,
우리가 아빠 아버지라고 부르짖느니라"
(로마서 8:15)

1. 머리

하나님의 아들 예수 그리스도는 죄인들을 대신해서 죽음과 부활을 마다하지 않으셨고, 그 결과 죄의 문제를 해결해주셨는데 그것이 바로 칭의이다. 성령은 그렇게 의롭다 하심을 받은 사람들 안에 들어가셔서 영원한 생명을 주셨는데, 곧 중생이다. 하나님은 그렇게 칭의와 중생을 경험한 사람들을 당신의 가족 안으로 들어오게 하셨는데, 곧 양자이다. 그러니까 칭의와 중생과 양자는 하나님 편에서 동시에 허락하시는 세 가지 큰 은혜이다.

하나님께는 아들이 있는데, 그 아들이 바로 예수 그리스도이시다. 그분만이 하나님과 영원 전부터 함께 하시는 아들이시다. 그분만이 하나님의 모든 특권을 누릴 수 있는 아들이시다. 그런데 그분이 인간의 모습으로 나타나셨는데, 그 목적은 죄인들을 변화시켜서 그들로 하나님의 자녀로 삼기 위해서였다. "…하나님이 그 아들을 보내사 여자에게서 나게…하신 것은 율법 아래에 있는 자들을 속량하시고, 우리로 아들의 명분을 얻게 하려 하심이라"(갈 4:4-5).

2. 몸

바울 사도는 이스라엘 백성도 하나님에 의해 양자로 입양되었다고 언급했다. 그 말씀을 인용해보자. "그들은 이스라엘 사람이라; 그들에게는 **양자 됨**과 영광과 언약들과 율법을 세우신 것과 예배와 약속들이 있고"(롬 9:4) 이스라엘 사람은 본래 하나님의 자녀가 아니었다. 그들은 여기저기 떠돌아다니는 부족이었다. 그러나 하나님이 은혜로 그들을 양자로 삼으셨으며, 따라서 하나님의 자녀만이 누리는 영광, 언약, 율법, 예배, 약속 등을 은혜로 받았다.

1) "종의 영"

바울 사도는 우리가 종의 영을 받지 않았다고 분명히 언급했다: '너희는 다시 무서워하는 종의 영을 받지 아니하고….' 이 말씀이 함축하고 있는 뜻은 우리가 하나님의 양자가 되기 전에는 무서워하는 종이었다는 것이다. 왜 무서워했나? 그 이유는 간단하다! 우리가 하나같이 죄의 종이었기 때문이다. 죄의 종은 두 가지 문제에 시달리며 괴로워하는데, 하나는 현재의 문제이고 또 하나는 미래의 문제이다.

현재의 문제는 양심의 소리에 따라 삶을 영위할 수 없다는 사실이다. 양심의 소리와 실제의 삶 사이에는 상당한 괴리가 있을 수밖에 없다. 그 괴리감을 극복하려고 애쓰면 애를 쓸수록 더 큰 괴리가 있다는 사실을 경험하게 된다. 우리는 그 괴리감으로 인해 어두움에서 헤매는 삶을 영위하든지, 아니면 자포자기의 심정이 되어 닥치는 대로 살아가든지 한다. 그런데 불현듯이 찾아오는 죽음의 무서움이 있는데, 그것은 미래의 문제이다.

그렇다! '종의 영'이란 현재는 물론 미래에 대한 두려움의 마음이다. 현재와 미래의 두려움이 없는 죄의 종은 엄격한 의미에서 있을 수 없다. 한발 더 나아가서 죽음 너머에서 기다리고 있는 심판에 대해 누가 무서워하지 않겠는가? 그래도 의식이 있는 죄의 종들은 죽음과 심판의 문제를 해결해보려고 발버둥 쳐본다. 그 발버둥 중 하나가 종교의 선택이다. 종교 중의 종교인 유대교를 통해 죽음과 심판의 문제를 해결하지 못한다면, 어떤 종교로도 가능하지 않다.

유대교에서 제시하는 수많은 계명과 율법은 우리로 자유와 해방 대신에 더욱 옥죄는 율법의 종이 되게 한다. 율법을 지킴으로 현재와 미래의 문제를 해결하려고 노력하면 할수록 율법은 우리를 더 옥죈다. 바울 사도도 증언했다. "그러므로 율법의 행위로 그의 앞에 의롭다 하심을 얻을 육체가 없나니, 율법으로는 죄를 깨달음이니라"(롬 3:20). 율법을 통해 죽음과 심판의 문제가 해결되는 것이 아니라, 그 율법을 지킬 수도 없는 죄인이라는 것을 깨닫게 한다.

죄의 종이 마침내 다음과 같은 놀라운 사실을 깨닫는다면, 그는 '종의 영'에서 해방될 수 있다. "때가 차매 하나님이 그 아들을 보내사 여자에게서 나게 하시고 율법 아래에 나게 하신 것은 율법 아래에 있는 자들을 속량하시고, 우리로 아들의 명분을 얻게 하려 하심이라"(갈 4:4-5). 그 아들이 우리를 죄의 종과 율법의 종에서 해방하실 뿐 아니라, 그런 우리로 '아들의 명분,' 곧 하나님의 양자로 삼아주신다니, 얼마나 놀라운가!

2) "양자의 영"

바울 사도는 우리가 '양자의 영'을 받으므로 하나님의 자녀가 되어, 그 하나님을 '아빠 아버지'로 부르게 되었다고 언급했다. 그러니까 우리가 거듭날 때 성령이 우리 안에 들어와서 내주하시는데, 그 성령이 '양자의 영'이라는 것이다. 이미 언급한 대로, 우리가 의롭다 하심을 받을 때 성령이 우리 안에 들어오시는데, 그 은혜를 중생이라고 한다. 그런데 놀랍게도 그렇게 중생의 은혜를 경험할 때, 그 영으로 인하여 우리가 하나님의 자녀가 되었다는 것이다.

우리가 양자가 되는 것은 삼위의 하나님이 역사하지 않으시면 결단코 가능하지 않다. 예수 그리스도의 죽음으로 우리의 죄문제가 해결되어 칭의를 경험했다. 성령이 우리 안에 들어오셔서 중생을 경험했다. 바로 그때 하나님은 우리를 양자로 삼으셔서, 우리가 하나님을 '아빠 아버지'라고 부르게 하셨다. 하나님의 양자가 되기 위해 우리 인간이 한 일은 전혀 없는, 그래서 우리 편에서는 조금도 자랑할 것이 없다.

자랑은커녕 그렇게 역사하신 하나님께 찬송을 올려야 한다. 바울 사도의 증언이다: "그 기쁘신 뜻대로 우리를 예정하사 예수 그리스도로 말미암아 자기의 아들들이 되게 하셨으니, 이는 그가 사랑하시는 자 안에서 우리에게 거저 주시는 바 그의 은혜의 영광을 찬송하게 하려는 것이라"(엡 1:5-6). 헬라어성경에 의하면, '우리를 예정하사⋯자기의 아들들이 되게 하셨으니'는 '우리를 예정하사 **양자로 삼아**⋯아들들이 되게 하셨으니'이다. 한글성경에는 **양자**라는 단어가 생략되어 있다.

그렇다! 하나님에게서 직접 태어나신 분은 예수 그리스도뿐이며, 따라서 그분은 '독생자'로 불린다. 그런데 그 독생자를 통해서 하나님은 우리를 양자로 삼으셨다. 따라서 우리는 하나님을 아버지라고 부르는 특권을 갖게 되었는데, 예수 그리스도도 역시 그분을 아버지라고 부르신다. 결국, 한 아버지를 모신 형제가 된 것이다. 그러므로 예수 그리스도는 우리를 형제라고 부르시기를 부끄러워하지 않으신다 (히 2:11).

세상에서도 상황에 따라서 양자로 삼는 일은 종종 있다. 그러나 그 양자는 우리와 전혀 다르다. 그 양자는 법적으로 양자가 되어 적자(嫡子)와 동등한 신분과 특권을 누린다. 그러나 우리 그리스도인은 법적으로 양자가 되었을 뿐 아니라, '양자의 영'을 받았기에 그 영으로 인하여 성품도 하나님 아버지를 닮는다. 마치 그 아버지에게서 태어난 것처럼 말이다. 친아들처럼 아버지로부터 애정과 사랑과 신뢰를 받는다.

3) "아빠 아버지"

하나님의 양자가 된 아들들이 갖는 특권은 여러 가지이다. 가장 뚜렷한 특권은 그 하나님을 '아빠 아버지'라고 부르게 된 것이다. 그렇게 부르게 된 것은 결단코 법적으로 양자가 되었기 때문만은 아니다. 우리 안에 들어오신 성령으로 인해 그렇게 부르게 된 것이다. 바울 사도의 증언이다: "너희가 아들이므로 하나님이 그 아들의 영을 우리 마음 가운데 보내사 *아빠 아버지*라 부르게 하셨느니라" (갈 4:6).

예수 그리스도도 하나님을 그렇게 부르면서 뜨겁게 기도하신

적이 있다. "*아빠 아버지여! 아버지께는 모든 것이 가능하오니 이 잔을 내게서 옮기시옵소서! 그러나 나의 원대로 마시옵고 아버지의 원대로 하옵소서!*" (막 14:36). 죽음을 앞둔 가장 처절한 기도에서 마음속 깊이에서 우러나오는 부르짖음이었다. 그런데 같은 성령의 임재로 우리도 예수 그리스도처럼 하나님을 '아빠 아버지'로 부르게 된 것이다.

그런데 왜 아빠나 아버지라고만 불러도 되는데, 두 번이나 반복했는가? 물론 진한 애정의 표현일 수 있지만, 그보다 더 깊은 뜻이 있다. *아빠*는 유대인들에게 익숙하나, 헬라어로 된 *아버지*는 유대인이 아닌 사람들의 용어이다. 그러므로 그렇게 반복된 표현에서 하나님은 유대인과 이방인의 아버지라는 것도 함축하고, 하나님이 이중적으로 아버지이심을 함축했을 것이다. 하나님은 모든 사람을 포괄하는 창조의 아버지이시며, 모든 신자를 포괄하는 구속의 아버지이시다.

그 외에도 특권이 많으나 두 가지로 요약할 수 있는데, 하나는 하나님과의 관계에서 생기는 특권이고 또 하나는 다른 그리스도인들과 나누는 특권이다. 하나님을 아버지라 부르는 모든 그리스도인은 형제자매이다. 인종과 문화와 시대와 장소를 초월해서 사랑을 나눌 수 있는 형제자매이다. 그리고 그 사랑을 나눌 수 있는 중심지가 바로 교회이다. 교회에서 같이 예배와 삶을 나눌 수 있다는 것은 얼마나 크나큰 특권인가!

하나님과의 관계에서 생기는 특권에는 또 무엇이 있는가? 무엇보다도 우리가 하나님의 보좌 앞에 언제 어디서나 나아가서 대화할 수 있다! (히 4:16). 그뿐 아니라, 우리의 아버지 하나님은 우리를 보호하시고 필요를 채워주신다. 심지어는 우리가 어려움을 당할 때도 우리 아버지는 함께 하시면서 우리에게 위로와 능력을 주신다. 그뿐 아니라, 필요하면 우리를 사랑으로 징계하시면서 우리로 더 성숙한 신앙인이 되도록 인도하신다.

3. 꼬리

우리의 특권은 이처럼 현재에만 국한되지 않는다. 우리는 언젠가 육체의 연약성을 훌훌 벗고 맏아들 예수 그리스도처럼 완전한 몸을 갖게 된다. '그가 나타나시면 우리가 그와 같을 줄을 아는 것은 그의 참모습 그대로 볼 것이기 때문이니' (요일 3:2b). 바울 사도도 같은 증언을 한다. "그뿐 아니라 또한 우리 곧 성령의 처음 익은 열매를 받은 우리까지도 속으로 탄식하여 **양자** 될 것 곧 우리 몸의 속량을 기다리느니라" (롬 8:23).

그렇게 맏형이신 예수 그리스도처럼 변화되어 그분을 만날 때, 우리는 그분과 같은 유산을 받을 것이다. 다시 바울 사도의 증언을 들어보자. "그러므로 네가 이 후로는 종이 아니요 아들이니, 아들이면 하나님으로 말미암아 유업을 받을 자니라" (갈 4:7). 이 말씀에서 유업은 유산과 같은 뜻이다. 우리가 현재에

서 누리는 특권과 미래에 완전한 몸의 변화만으로도 감사하고
또 감사한데, 예수 그리스도처럼 유업까지 물려받는다니 얼마
나 큰 특권인가!

인간이 그의 죄를 회개하고 예수 그리스도를 구주로 믿는 것은
한순간의 역사이다. 그 한순간에 그는 죄를 용서받고,
성령이 내주하시고, 그리고 하나님의 자녀가 되었다.
사랑과 지혜와 능력의 하나님만이 일구시는 은혜의 역사로서
예수 그리스도를 통해서이다. 그때부터 그는 그리스도인으로 살아가기
시작한다. 그런데 그리스도인의 삶은 전적으로 성령과 동행하는 삶이다.
순간적으로 믿은 예수 그리스도를 대신해서
성령이 함께하시면서 동행하신다.
물론 성령의 역할 중 하나는 그리스도 예수께 영광을 돌리는 것이다.
그러므로 그 그리스도인은 그때부터 그분께 영광을 돌리는 삶을
살기 시작한다. 그런데 그것도 역시 성령의 역사이다!
그리스도인의 삶과 마음에 내주하신 성령은 그분의 영광을 위한 삶을
살 수 있도록 순간마다 도우시며 힘을 주신다.
그러니까 한마디로 말해서, 그리스도인의 삶은 성령과 함께하는 삶이다.
그러므로 그리스도인은 누구든지 성령을 의지하면서 살아야 한다.
그리스도인의 마음에 내주하시는 성령의 중요한 사역은
그에게 구원의 확신을 주는 것이다. 그가 구원받은 사실이
단순히 이론만이 아니라는 것을 알려주기 위하여 성령은 그로
뜨거운 경험을 하게 하신다.
그 경험은 성령의 내적 증언 때문에 일어난 역사이다.
그 성령의 증언으로 예수 그리스도가 그의 개인적인
구주라는 것을 확신하며, 그분을 주변의 사람들에게
증언하지 않을 수 없게 된다. 그것도 역시 성령의 증언 때문이다.

PART

4

구원의 확신을
위하여

1장 인침

"그 안에서 너희도 진리의 말씀 곧 너희의 구원의 복음을 듣고,
그 안에서 또한 믿어 약속의 성령으로 **인치심을** 받았으니"
(에베소서 1:13)

1. 머리

바울 사도는 '너희'가 '약속의 성령으로 인치심을 받았다'고
묘사했다. 바울 사도가 왜 그렇게 묘사했는지 알아보기 위하여
우선 그 단어의 의미부터 알아보자. 인[印]은 국어사전에 의하면,
'도장' 또는 '도장을 찍다'이다. 그런데 복음을 듣고 믿은 '너희'
가 성령으로 인치심을 받았다는 것이다. 불신자가 그의 죄를
회개하고 예수 그리스도를 믿을 때, 그는 칭의와 중생과 양자
란 삼중적인 하나님의 은혜를 경험한다는 사실을 앞에서 이미
살펴보았다.

그렇다면 '성령의 인치심'은 삼중적인 하나님의 은혜 가운데 어떤 은혜와 연관되어 있는가? 그 해답을 찾기란 어렵지 않은데, '성령'이 인을 쳐주시기 때문이다. 위에서 언급한 것처럼, 성령은 칭의와 중생과 양자에 깊숙이 개입하셨다. 그러나 그 세 가지 은혜 가운데 가장 현저한 성령의 개입은 두말할 필요도 없이 '중생'이다. 중생은 무엇보다도 성령의 역사이다. 회개와 믿음을 거친 사람 속으로 성령이 들어오실 때, 중생을 경험하기 때문이다.

2. 몸

'너희'가 중생을 경험하는 순간 성령은 '너희' 속에 들어오시는데, 그냥 들어오시기만 하는 것이 아니다. 들어오셔서 세 가지 역사를 이루는데, 곧 인침, 내주 및 증언이다. 이 세 가지 역사를 하나씩 살펴볼 터인데, 우선, 인침의 역사를 알아보자. 한 가지 짚고 넘어가야 할 것이 있는데, 그것은 이 세 가지 역사는 같은 성령의 역사라는 것이다. 그러나 칭호가 서로 다른 것처럼, 그 강조점과 역할이 서로 다르다는 것이다.

1) 관계
거듭나는 순간 성령이 '너희' 속에 들어오셔서 도장을 찍으신다. 그 도장은 다름 아닌 성령 자신이다. 그것도 '약속의 성령'이다! 그들이 중생을 경험할 때, 동시에 이루어지는 성령의 역사이다. '성령의 인치심'은 그리스도인들의 특별한 경험이 아니다. 그들이 간절히 구한 결과로 주어지는 것도 아니다. '성령의 인치심'은 성령이 그들 안으로 들어오시겠다는 약속의 성취이다 (요 14:16). 따라서 모든 거듭난 그리스도인들에게 주어지는 성령의 임재이다.

성령이 인을 치신 중요한 목적은 관계의 설정을 위함이다. 거듭난 그리스도인들은 성령과 특별한 관계를 맺으므로, 그들과 성령은 하나가 된다. 그들은 성령이 이끄시는 곳으로 가며, 성령이 시키시는 일을 하며, 성령의 도움을 받아 전도도 한다. 그리스도인들이 그들의 신앙 때문에 감옥엘 가면 성령도 함께 가신다. 그들이 선교지를 가면 그곳으로 함께 가시면서 동행동사하신다. 얼마나 가깝고도 친밀한 관계인가?

역사적으로 많은 그리스도인이 신앙 때문에 투옥도 되고 순교도 했다. 그때도 성령은 그들과 함께하셨다. 주님의 말씀이다. "너희를 넘겨 줄 때에 어떻게 또는 무엇을 말할까 염려하지 말라; 그 때에 너희에게 할 말을 주시리니, 말하는 이는 너희가 아니라. 너희 속에서 말씀하시는 이, 곧 너희 아버지의 성령이시니라" (마 10:19-20). 그 성령으로 인해 많은 그리스도인은 순교를 당하면서도 주님을 배반하지 않고 오히려 찬양과 영광을 돌렸다.

그리스도인과 성령의 관계는 하나님 아버지와 그 아들 예수 그리스도의 관계와 같다. 그분이 직접 하신 말씀이다: '인자는 아버지 하나님께서 **인치신** 자니라' (요 6:27b). 아버지와 아들이 영원한 관계를 누리신 것처럼, 그리스도인들도 성령과 영원한 관계를 누린다. 주님이 재림하실 때도 그들은 성령의 도움과 역사로 그리스도 예수처럼 변화되어 하나님이 계신 곳으로 인도된다. 성령이 그리스도인들이 거듭날 때 인을 치신 역사는 엄청나게 큰 은혜이다.

2) 과정

성령의 인치심은 그리스도인들이 하나님의 소유가 된 것을 확증하는 은혜이다. 성령은 하나님의 소유된 그리스도인들을 책임지고 보호하신다. 얼마나 확실한 보호이며 안전인가! 순교자들조차도 성령의 충만한 상태로 이 세상을 떠나게 된다. 그러나 그 성령은 그렇게 순교를 감수한 그리스도인들을 어느 날 부활의 몸으로 변화되어, 말할 수 없이 큰 보상과 영광을 받게 하실 것이다. '그[성령] 안에서 너희가 구원의 날까지 인치심'을 받았기 때문이다 (엡 4:30).

바울 사도는 에베소서 1장 13절에서 '너희'가 성령의 인침을 받는 단계도 제법 소상하게 알려주었다. 첫 번째는 '진리의 말씀'을 듣는 단계이다. 그런데 하나님의 말씀은 모두 진리이기에 그런 일반적인 말씀을 통해서는 인치심을 받지 못한다. 그래서 그 진리의 말씀을 부연해서 설명했는데, 곧 '너희의 구원의 복음'이다. 모든 진리 가운데서 특별히 구원에 관한 복음을 들어야 한다. 그 복음으로 인해 '너희'가 구체적으로 무엇을 그리고 누구를 믿어야 할지 알게 된다.

두 번째는 믿음의 단계이다. 아무리 구원의 복음이 위대해도 인격적으로 받아들이지 않으면 아무 소용도 없다. 그렇게 받아들이는 단계가 바로 믿음이다. 이미 언급한 대로, 믿음에는 회개가 이미 함축되어 있다. 그러므로 구원의 복음을 들은 '너희'가 하나님께 죄를 회개하고 그들을 위해 죽음과 부활을 마다하지 않으신 예수 그리스도를 받아들여야 한다. 그렇게 받아들이는 행위를 바울 사도는 믿음이라고 했다.

그렇게 그들의 구주이신 예수 그리스도를 믿고 받아들일 때, '약속대로 성령으로 인치심을 받는데', 그것이 세 번째 단계이다. 약속하신 대로 성령이 그들의 삶 속에 들어오신 것이다! 그렇게 들어오셔서 성령은 인을 치셨다. 성령이 그렇게 인을 치시는 순간부터 그들의 희로애락에 함께 하시겠다는 것이다. 언제까지? 끝날까지, 곧 '구속의 날'까지이다! 슬플 때도 함께 하시고 즐거울 때도 함께 하시겠다는 성령의 마음을 **인치심**으로 표현하셨다.

신약성경에서 인이란 단어는 모두 32번이나 나오는데, 그 가운데 '성령으로 인을 치셨다'는 표현은 세 번 나온다. 이미 언급한 대로, 에베소서 1장 13절과 4장 30절 외에, 고린도후서

1장 22절이다. "그가 또한 우리에게 인치시고 보증으로 우리 마음에 성령을 주셨느니라." 누누이 언급한 대로, 그리스도인들을 위해 예수 그리스도가 십자가에서 죽으신 역사가 가장 중요하다. 두 번째로 중요한 것은 그들의 삶 속으로 성령이 들어오신 역사이다.

3) '우리' vs '너희'

에베소서의 저자인 바울 사도는 '우리'와 '너희'를 번갈아 사용하면서 중요한 가르침을 주었다. '너희'는 두말할 필요도 없이 에베소의 교인들이다. 그들은 이방인으로 온갖 죄악에 빠져있었고, 또 각종의 우상이 이끄는 대로 끌려가던 죄인들이었다. 그런데 그들에게 예수 그리스도의 복음이 전해졌고, 그들은 믿었고, 그리고 성령으로 인치심을 받아 성령과 동행하는 존귀한 인물들이 되었다. 그들이 다름 아닌 '너희'였다.

바울 사도는 에베소서 1장 1-12절에서는 '너희'를 사용하지 않고, 대신 '우리'를 12번이나 사용했다. 혹자는 '우리'를 유대인으로, '너희'를 이방인으로 구분한다. 그런 구분은 잘못된 것으로, '우리'는 교회를, '너희'는 이방인으로 구성된 에베소교회를 가리킨다. 바울 사도는 에베소서에서 유대인을 가리키기 위해 '우리'를 한 번도 사용하지 않았다. 유대인과 이방인을 언급할 때는 '둘' 또는 '이 둘'로 사용했고 (엡 2:14-16), 그 둘이 합해서 '우리'가 되었다.

바울 사도의 말로 이 사실을 확증하자. "그 기쁘신 뜻대로 우리를 예정하사 예수 그리스도로 말미암아 자기의 아들들이 되게 하셨으니, 이는 그가 사랑하시는 자 안에서 우리에게 거저 주시는 바 그의 은혜의 영광을 찬송하게 하려는 것이라"(엡 1:5-6). 그렇다! 하나님이 창세 전에 예정하신 것은 유대인이 아니라, 교회였다. 그렇게 예정하신 교회가 성령의 강림으로 탄생하자, 그 교회는 하나님의 말할 수 없는 은혜를 찬송하기 시작했다.

왜 바울 사도는 교회를 언급하면서 '너희'가 듣고, 믿고, 성령으로 인치심을 받았다고 했는가? 그 이유는 간단하다! 이방인으로 구성된 에베소 교인들도 물과 성령으로 거듭나서 그토록 영원 전부터 예정하신 교회의 일원이 되었다는 것이다. 그들도 성령으로 인치심을 받아 성령과 동행하는 특권을 누리게 되었다. 언제까지? 그 영광의 교회가 주님이 재림하실 때 들려 올릴 때까지! 이방인들인 '너희'가 교회인 '우리'와 운명을 같이하게 된 것이다.

유대인들에 의하여 개돼지처럼 천대를 받던 에베소의 이방인들이 '성령으로 인치심을 받다니!' 인간적으로는 절대로 가능하지 않은 말할 수 없는 놀라운 은혜였다. 그들의 죄가 칭의의 은혜로 용서받은 것도 놀라운데, 중생의 씻음을 경험한 것도 큰 은혜인데, 하나님의 양자가 된 것도 엄청난 역사인데, 거기다가 '성령으로 인치심을 받아' 성령과 동행하면서 그분의 따뜻한

위로는 물론 시시때때로 함께하시는 하늘의 능력을 경험하게 하시다니!

3. 꼬리

바울 사도는 그처럼 엄청난 은혜의 역사, 곧 '성령으로 인치심'을 언급하고 끝나지 않았다. 그는 영적 아들인 디모데에게 보낸 편지에서 다음과 같은 주님의 말씀을 전한다. "그러나 하나님의 견고한 터는 섰으니 **인침**이 있어 일렀으되, '주께서 자기 백성을 아신다 하며 또 주의 이름을 부르는 자마다 불의에서 떠날지어다' 하였느니라" (딤후 2:19). 성령의 인침은 주님이 그분의 백성을 사랑하시며, 아시며, 인도하신다는 놀라운 약속이다.

그처럼 놀라운 약속을 받은 디모데는 물론 모든 그리스도인은 내주하시는 성령을 '근심하게 하지' 말아야 한다 (엡 4:30). 그뿐 아니라, '불의에서 떠나야 한다.' 만일 그리스도인이 불의에 연루되어 성령을 근심하게 한다면, 그도 마음속에서 갈등이 들끓을 것이다. 그러는 동안 성령은 그를 위로 대신 책망에, 능력 대신 연약함에, 사랑 대신 미움에 휩싸이게 하실 것이다. 그처럼 엄청난 약속을 누리지 못하는 불행한 그리스도인으로 전락할 것이다.

2장 내주

"만일 **너희** 속에 하나님의 영이 거하시면 너희가 육신에 있지 아니하고
영에 있나니, 누구든지 그리스도의 영이 없으면 그리스도의 사람이 아니라.
또 그리스도께서 **너희 안**에 계시면 몸은 죄로 말미암아 죽은 것이나,
영은 의로 말미암아 살아 있는 것이니라.
예수를 죽은 자 가운데서 살리신 이의 영이 **너희 안**에 거하시면,
그리스도 예수를 죽은 자 가운데서 살리신 이가
너희 안에 거하시는 그의 영으로 말미암아 너희 죽을 몸도 살리시리라"
(로마서 8:9-11)

1. 머리

성령은 우리가 거듭날 때, 우리의 삶과 마음속으로 들어오신
다. 성령은 들어오시면서 '너는 내 것이라'고 하면서 인을 치신
다. 그때부터 성령은 그리스도인들과 함께하신다. 그렇게 함께
하시는 것을 내주라고 하는데, 직역하면 안에 들어와서 거하
신다는 뜻이다. 거듭난 그리스도인들의 마음에는 너나 할 것 없
이 성령이 내주하신다. 만일 성령이 내주하시지 않는 사람이 있
다면, 그는 그리스도인이 아니다.

바울 사도는 아무도 오해할 수 없도록 분명히 선언했다. '누

구든지 그리스도의 영이 없으면 그리스도의 사람이 아니라.' 그러니까 그리스도인이 된다는 것은 외적 행위에 근거하지 않는다는 말이다. 아무리 교회생활을 열심히 해도 그것만으로는 충분하지 않다. 아무리 교회의 중요한 직분을 가져도 그것만으로는 충분하지 않다. 그리스도인이 된다는 것은 외적으로 되는 것이 아니라 내적으로 된다. 성령이 그의 삶과 마음 안에 내주하셔야 그리스도인이다.

2. 몸

바울 사도는 본문에서 '너희 안'에를 네 번씩이나 반복해서 언급했다. 그만큼 성령의 내주가 중요하다는 뜻이다. '너희 안'에 거하시는 성령은 그리스도인들의 현재와 미래를 좌지우지하신다. 궁극적으로 그들 안에 내주하시는 성령은 그들의 육신을 영원하면서도 영광스러운 부활의 몸으로 변화시키실 것인데, 그것은 미래의 역사이다. 현재에도 성령은 그들로 그리스도인다운 삶을 영위할 수 있도록 도우신다. 많은 도움 가운데서 세 가지만 알아보자.

1) 교제
그리스도인들의 삶 속에 거하시는 성령은 그들로 이중적인 교제를 나누도록 인도하신다. 종적으로는 삼위 하나님과의 교제이며, 횡적으로는 다른 그리스도인들과의 교제이다. 사도 요한은 이런 이중적인 교제를 이렇게 묘사했다. "우리가 보고 들은 바를 너희에게도 전함은 너희로 우리와 *사귐*이 있게 하려 함이니, 우리의 *사귐*은 아버지와 그의 아들 예수 그리스도와 더불어 누림이라" (요일 1:3).

교제의 본은 예수 그리스도이시다. 그분은 인간과 교제하시기 위해 인간의 혈과 육을 지니셨다. '자녀들은 혈과 육에 속하였으매, 그[예수]도 또한 같은 모양으로 혈과 육을 함께 지니심은…' 인간과 교제하시기 위해서였다 (히 2:17). 그뿐 아니라, 그분은 실제로 제자들과 삶과 시간과 물질을 나누는 끈끈한 교제를 3년이나 하셨다. 그 후 그분이 죽음과 부활을 거쳐 승천하셔서 성령을 아버지에게서 받아 제자들에게 주셨는데, 그것도 교제를 위함이다 (행 2:33).

그들 안에 내주하시는 성령으로 인해 그들은 '신성한 성품에 참여하게' 되었다 (벧후 1:4). 마치 돌감람나무가 참감람나무의 진액을 받아 삶을 나누는 것처럼 교제를 누리기 시작했다. '돌감람나무인 네가 그들 중에 접붙임이 되어 참감람나무 뿌리의 진액을 함께 받는 자가 되었다' (롬 11:17). 당연히 같은 뿌리의 진액을 받기에, 이제부터 둘이 아니라 하나이다. 이처럼 밀착된 교제를 일으키기 위해 예수 그리스도는 진액인 성령을 보내어 내주하게 하셨다.

그리스도 예수의 진액을 함께 받은 그리스도인들은 당연히 그분의 성품을 공유하는데, 곧 겸손과 고난이다. 그러나 그것이 끝이 아니다! 그들은 그분의 영광도 공유하게 될 것이다. 현재의 고난과 미래의 영광 사이에 사는 그리스도인들은 그처럼 놀라운 교제에 참여하게 해주신 그리스도 예수를 불신자들에게 전하지 않을 수 없다. 그들도 구원받으면 성령이 내주하실 것이고, 따라서 초월적인 교제에 참여할 수 있기 때문이다.

아버지의 형상대로 지음을 받고, 그 아들의 피로 용서받고, 성령의 내주하신 그리스도인들은 위로 삼위의 하나님과 교제한다. 동시에 아래로는 필연적으로 다른 그리스도인들과 교제를 나누게 된다. 그 이유는 너무나 분명하다! 같은 하나님 아버지를 모시고 있으며, 같은 구주를 섬기며, 같은 성령의 내주 때문이다. 그처럼 엄청난 은혜와 특권을 받은 그리스도인들은 그 하나님 안에서 같은 진액을 나누면서 끈끈하게 교제할 수 있게 된 것이다.

2) 조명

하나님의 말씀인 성경은 성령의 감동하심을 받은 사람들이 하나님께 받아서 기록한 것이다. 베드로 사도의 증언이다: "먼저 알 것은 성경의 모든 예언은 사사로이 풀 것이 아니니, 예언은 언제든지 사람의 뜻으로 낸 것이 아니요, 오직 성령의 감동하심을 받은 사람들이 하나님께 받아 말한 것임이라"(벧후 1:20-

21). 그러니까 하나님의 말씀의 원저자는 하나님인데, 그 하나님으로부터 성령의 영감[註]을 받은 사람들이 그분에게서 받아 기록했다는 것이다.

그렇게 초자연적으로 기록된 하나님의 말씀을 인간의 지성만으로는 올바르게 이해할 수 없다. 성령으로 거듭난 그리스도인들만이 올바르게 이해할 수 있는데, 그 이유는 그들 안에 내주하시는 성령이 도와주시기 때문이다. 그런 성령의 도움을 전문적인 용어로 조명[註]이라고 하는데, 영어로는 *illumination*이다. 그들이 성경을 대할 때, 성령이 그들의 머리와 마음에 조명하시는 만큼 깨달으며, 그때 그들의 사고와 언행이 말씀에 근거해서 변한다.

얼른 보기에 그런 깨달음의 역사는 성령의 빛 때문이라고 생각할 수 있다. 그러나 빛과 조명은 비슷하나 다르다. 헬라어로 빛은 포스(φως)이나, 조명은 포티스모스(φωτισμός)이다. 후자는 신약성경에 두 번밖에 나오지 않는데, 한글성경에서는 *광채*와 *빛*으로 각각 번역되었다 (고후 4:4, 6). 바울 사도가 다메섹으로 가다가 강렬한 빛 때문에 앞을 못 보게 되었는데, 그 빛은 포스로서 태양에서 흘러나온 빛이다.

예수 그리스도는 일찍이 제자들에게 하나님의 말씀을 깨닫게 해주신다는 약속을 두 번이나 하셨다. "보혜사 곧 아버지께서 내 이름으로 보내실 성령 그가 너희에게 모든 것을 가르치고 내가 너희에게 말한 모든 것을 생각나게 하리라" (요 14:26). "그러나 진리의 성령이 오시면 그가 너희를 모든 진리 가운데로 인도하시리니, 그가 스스로 말하지 않고 오직 들은 것을 말하며 장래 일을 너희에게 알리시리라"(요 16:13). 이런 성령의 역사가 바로 조명이다.

그리스도인들의 마음속에 내주하시는 성령은 그들로 하나님의 말씀을 깨닫고 실천할 수 있도록 조명하신다. 그러나 거듭났다고 무조건 조명의 은혜가 있는 것은 아니다. 하나님의 말씀을 깨달으면 조건 없이 순종하겠다는 마음가짐이 필요하다. 그뿐 아니라, 하나님의 말씀을 대할 때, 성령이 조명하실 때까지 기다림이 필요하다. 무조건 기다리는 것이 아니라, 하나님 앞에서 굴복의 기도를 하면서 기다려야 한다. 그리할 때 성령의 조명으로 말씀을 깨닫는다.

3) 인도

성령의 내주로 깊은 교제를 나누던 안디옥교회의 다섯 지도자가 기도하며 금식할 때, 성령이 그들에게 특별히 임하면서 특별한 지시를 하셨다. "주를 섬겨 금식할 때에 성령이 이르시되, '내가 불러 시키는 일을 위하여 바나바와 사울을 따로 세우라' 하시니, 이에 금식하며 기도하고 두 사람에게 안수하여 보내니라"(행 13:2-3). 그때부터 성령은 바나바와 사울을 한 걸음씩 인도하시면서 엄청난 세계선교의 장을 여셨다.

그리스도인들의 마음속에 내주하시는 성령은 그들로 교제하고 성경을 깨닫게 하실 뿐 아니라, 한 걸음씩 인도하신다. 그렇게 성령의 인도하심을 받는 그리스도인들은 정상적인 삶을 영위하게 된다. 그들의 삶 속에 상주하시는 성령 하나님이 하나님 나라의 확장을 위해 준비된 그리스도인들을 인도하시는 것은 너무나 자연스럽고도 당연하지 않은가! 성령의 인도를 받지 못하는 그리스도인들이 보기에는 초자연적인 인도 같지만, 자연스러운 인도이다.

성령이 그처럼 극적인 방법으로 바나바와 사울을 인도하신 것처럼, 세미한 음성으로 혹은 조명된 말씀으로 그처럼 많은 그리스도인을 과거에도 인도하셨고, 지금도 인도하시며, 앞으로도 끊임없이 인도하실 것이다. 많은 경우 그런 인도가 그렇게 극적인 것은 아니지만, 작은 일에도 세심하게 인도하시는 성령은 참으로 놀라운 분이시다. 어떤 그리스도인들은 성령의 인도하심에 따라, 불신자에게 접근하여 예수 그리스도의 복음을 전하는 은혜를 경험하기도 한다.

그렇게 인도하심을 받으면서 복음을 놀랍게 전한 빌립이 있다. 그는 사마리아에서 한편 기적을 일으키고 또 한편 말씀을 전하면서 영적 부흥을 경험하고 있는 중, 성령의 인도로 그곳을 떠났다. 인간적으로는 무척 아쉬웠겠지만, 그래도 순종하면서 부흥을 경험하고 변화를 맛본 사람들을 떠나서 인적조차 드문 광야로 내려갔다. 그 광야에서 에디오피아의 재무장관에 해당하는 사람을 만나서 복음을 전하게 될 줄 꿈이나 꿨겠는가?

그렇다! 내주하시는 성령은 과거와 현재와 미래를 아실 뿐 아니라, 모든 곳의 정황을 아시는 분이다. 그런 분이 그리스도인들을 인도하실 때, 순종하며 따르는 그리스도인들은 복된 사람들이다. 그들은 자연적인 환경에서도 초자연적인 삶을 누리는 사람들이다. 성령도 그들을 높이시어 다른 그리스도인들로부터 존경과 사랑을 받게 하신다. 그런 초자연적인 삶과 사역에 연루되라고, 성령 하나님이 그리스도인들의 삶과 마음속에 내주하신다.

3. 꼬리

교제를 깊이 경험한 그리스도인들은 그 교제를 다른 사람들과도 나누기를 원한다. 동시에 생명의 성령과 함께 하는 교제이기에 그 교제권은 필연적으로 성장할 수밖에 없다. 그뿐 아니라, 성령의 조명으로 하나님의 말씀을 깨닫는 그리스도인들은 그 말씀에 전폭적으로 자신을 맡기게 된다. 그렇게 맡긴 그리스도인들은 자연스럽게 성령의 인도를 받으며 살아가는 위대한 사람들이다. 그들 가운데는 그렇게 인도를 받으면서 본국을 떠나기도 한다.

왜 떠나는가? 그 목적은 삼위일체의 하나님을 알지 못하는 사람들에게 복음을 전하기 위해서이다. 그들 선교사는 외지에서 어려움도 많이 겪지만, 그 가운데 내주하시는 성령과 동행하는 특권을 누린다. 그 성령의 인도로 그들은 복음도 전하고, 우물도 파주고, 학교와 병원도 세우고, 고아원과 양로원도 세운다. 비록 이름도 없이 빛도 없이 살아가지만, 그들과 동행하시는 성령과 하나가 되어 하나님의 사랑을 전하는 하늘나라의 대사가 된 것이다.

3장 증언

"이는 물과 피로 임하신 이시니, 곧 예수 그리스도시라;
물로만 아니요 물과 피로 임하셨고,
증언하는 이는 성령이시니 성령은 진리니라.
증언하는 이가 셋이니, 성령과 물과 피라.
또한 이 셋은 합하여 하나이니라"
(요한일서 5:6-8)

1. 머리

　아담과 하와가 의도적으로 하나님의 엄명을 어기고 불순종하자, 그들 안에 내주하시던 하나님의 영이 그들을 떠나갔다. 하나님과의 교제가 끊어졌다는 말이다. 흙으로 빚어진 그들의 육체는 필연적으로 흙으로 돌아가는 저주가 그들에게 임했다. 그뿐 아니다! 영이 없는 그들은 하나님을 찾을 수도 없고, 하나님의 뜻대로 생각하고 행동할 수 없게 되었다. 그런 상태를 신학적으로 전적 타락total depravity이라고 한다.

　그렇게 타락한 사람들은 궁극적으로 하나님을 기쁘시게 하는 언행을 할 수 없다. 그들이 사는 목적은 오로지 자신을 위함이다. 교육과 훈련도 결국 자신을 위한 것이다. 부유와 명예도 자신을 위한 것이다. 전적으로 타락한 사람은 자기의 생각과 결심으로 삶의 방향을 하나님 중심으로 결코 바꿀 수 없다. 그 이유는 간단하다! 전적으로 타락했기 때문이다. 그들은 한 걸음씩 죽음과 심판을 향해 걸어가는 한계 있는 존재일 뿐이다.

2. 몸

그렇게 타락한 인간의 인생과 마음에 성령이 들어오셔서 자리를 잡으셨다. 그런데 그 성령은 인격자로 증언하시기 시작했다. 두말할 필요도 없이 이런 성령의 증언이 없는 사람은 '물과 성령'으로 거듭나지 않았다. 거듭나는 순간 그 사람의 마음에 성령이 인을 치셨고 또 내주하시기 때문이다. 그렇다면 거듭난 그리스도인의 마음에 계신 성령은 무엇을 증언하시는가? 많은 것을 증언하시지만, 그중에서 세 가지만 알아보자.

1) 말씀

첫 번째로 그리스도인들의 마음속에서 성령은 하나님의 말씀에 대하여 증언하신다. 그들이 거듭나기 전에는 전적으로 타락해서 하나님의 말씀인 성경을 읽지도 않았고, 또 읽는다손 치더라도 깨달을 수 없었다. 당연히 하나님의 뜻도 알지 못하고 오히려 하나님의 뜻에 반대되는 일만 골라서 했다. 그런 행동이 얼마나 큰 범죄인지도 인식하지 못하면서 말이다. 그 가운데 가장 큰 범죄가 하나님의 아들이신 예수 그리스도를 십자가에 못 박은 것이다.

바울 사도는 그들의 어리석은 행위를 이렇게 분석했다. "이 지혜는 이 세대의 통치자들이 한 사람도 알지 못하였나니, 만일 알았더라면 영광의 주를 십자가에 못 박지 아니하였으리라"(고전 2:8). 하나님의 말씀을 영적으로 알았다면 그렇게는 하지 못했을 것이다. "육에 속한 사람은 하나님의 성령의 일들을 받지 아니하나니 이는 그것들이 그에게는 어리석게 보임이요, 또 그는 그것들을 알 수도 없나니 그러한 일은 영적으로 분별되기 때문이라"(고전 2:14).

그런데 이게 웬 변화인가? 그렇게 말씀에 무지했던 사람들이 그 말씀을 하나님의 말씀으로 받아들이기 시작했다. 그 말씀에 기록된 모든 것이 일점일획이라도 어김없는 하나님의 말씀으로 인정하기 시작했다. 인정만 한 것이 아니라, 그 말씀의 내용을 그들의 삶에 적용하기 시작했다. 말씀에 포함된 약속은 그들에게 주어진 하나님의 약속으로 받아들이고, 명령은 그들에게 주신 하나님의 명령으로 받아들이며 순종하기 시작했다.

그처럼 갑작스러운 변화는 성령의 증언 때문이다. 그리스도인들 속에 내주하시는 성령은 그들에게 말씀이 하나님의 말씀이라고 증언하시기에, 그들은 그 말씀을 하나님의 말씀으로 받아들이게 된 것이다. 성령의 증언이 없다면 절대로 가능하지 않은 획기적인 변화이다. 바울 사도의 증언이다. "우리가 세상의 영을 받지 아니하고 오직 하나님으로부터 온 영을 받았으니, 이는 우리로 하나님께서 우리에게 은혜로 주신 것들을 알게 하려 하심이라"(고전 2:12).

하나님의 말씀과 성령의 관계는 불가분의 관계이다. 하나님의 말씀은 다분히 외적이며 객관적이다. 반면, 성령은 내적이며 주관적이다. 그리스도인들의 마음에 내주하시는 성령의 증거로 인해 그들은 하나님의 말씀이 진리이며 동시에 절대적인 권위를 지닌다는 사실을 받아들인다. 성령의 내적 증거로 그리스도인들은 여러 가지 신앙적인 경험을 하는데, 그 경험들이 하나님의 말씀과 위배하지 않는다는 사실을 알게 된다. 성령의 증언은 놀랍다!

2) 예수

두 번째 성령의 증거는 예수 그리스도에 대한 것이다. 본문 중 일부를 다시 인용해보자. "이는 물과 피로 임하신 이시니, 곧 예수 그리스도시라; 물로만 아니요 물과 피로 임하셨고, **증언**하는 이는 성령이시니 성령은 진리니라." 이 말씀에 의하면, 성령이 예수 그리스도를 증언하시는데, 특히 그분이 '물과 피'로 임하셨다고 증언하셨다. 성령이 예수 그리스도에 대해 증언하실 것이 그렇게 많은데, 왜 하필 '물과 피'로 임하신 분으로 증언하셨는가?

일찍이 예수님은 성령의 역할을 당신의 영광을 나타내는 것이라고 예언하셨다. "그[보혜사]가 내 영광을 나타내리니, 내 것을 가지고 너희에게 알리시겠음이라"(요 16:14). 더군다나 그분의 영광을 증언하는 것이 성령의 임무라면, 할 말이 얼마나 많겠는가? 죽은 지 나흘이나 되는 나사로를 살리신 역사, 그리스도 예수가 죽은 지 삼일만에 부활하신 역사, 그 외에도 과부의 독자를 살리신 역사, 12세 된 소녀를 살리신 역사… 등.

그러나 조금만 깊이 보면 예수 그리스도에 대한 성령의 증언, 곧 '물과 피'로 임하셨다는 것은 그분의 가장 중요한 역사를 증언한 것임을 알 수 있다. 예수 그리스도가 공생애를 시작하실 때 세례 요한에게서 세례를 받으셨고, 그때 하나님의 음성과 성령의 임하심이 있었다(마 3:16-17). 결국, '물'은 예수 그리스도가 공생애를 시작하면서 받으신 세례를 상징한다. 그리고 세례는 물속으로 들어가는 죽음을 상징한다.

'피'는 두말할 필요도 없이 예수 그리스도가 십자가에서 피를 쏟으며 죽으신 것을 의미한다. 그분의 생애에서 가장 중요한 사역이었는데, 그 이유는 모든 죄인을 대신해서 죽으신 구속의 죽음이었기 때문이다. 만일 그분이 그렇게 피를 흘리며 죽지 않으셨다면, 어떤 죄인이 구원을 받아서 성령의 내주를 경험할 수 있겠는가? 그렇다! 예수 그리스도에 대한 성령의 증언은 간단하지만 말할 수 없이 깊었다. '모든 것을 통달하시는' 성령의 증언이었다 (고전 2:10).

그리스도인들의 마음에 내주하시는 성령의 두 번째 증언은 예수 그리스도의 구속적 죽음이었다. 그 증언 때문에 그들은 그분을 그들의 구주로 영접하였을 뿐 아니라, 이제는 성령의 증언으로 인해 예수 그리스도가 자신을 위해 죽으신 사실에 감격하며 간증한다. 그러면서 성령의 증언에 힘입어서 그들도 그렇게 피 흘리고 죽으신 예수 그리스도를 주변의 죄인들에게 증언하기 시작한다. 그들이 그렇게 증언할 때 성령도 증언하면서 도와주신다.

3) 자녀

그리스도인들을 위한 성령의 세 번째 증언은 그들이 하나님의 자녀가 되었다는 사실이다. 그들이 거듭나기 전에는 영적 고아였었다. 그 이유는 분명하다! 영적 아버지인 하나님과 영적으로 아무런 관계도 없었기 때문이다. 그런데 예수 그리스도는 제자들에게 이런 놀라운 약속을 하신 적이 있었다. "내가 너희를 고아와 같이 버려두지 아니하고 너희에게로 오리라"(요 14:18). 그 말씀을 들은 제자들은 육적 고아는 아니었지만, 영적 고아였다.

영적 고아들에게 마침내 성령이 임하셨다. 성령이 그들의 삶에 들어오셔서 인을 치시고, 내주하시면서, 증언하시기 시작했다. 그들은 이제 고아가 아니라고! 그들에게 성령의 증언으로 하나님을 '아빠 아버지'라고 부를 수 있게 되었다고! 바울 사도의 증언을 들어보자. "너희가 아들이므로, 하나님이 그 아들의 영을 우리 마음 가운데 보내사 *아빠 아버지*라 부르게 하셨느니라"(갈 4:6). 그렇다! 성령의 증언으로 그리스도인들은 하나님의 자녀임이 확인되었다.

바울 사도는 그런 놀라운 확인을 보충해서 설명했다. "성령이 친히 우리의 영과 더불어 우리가 하나님의 자녀인 것을 증언하시나니"(롬 8:16). 성령의 증언만으로도 충분한데, 바울 사도는 '우리의 영과 더불어' 증언한다고 강조해서 말했다. 성령과 우리의 영이 함께 증언한다는 뜻이다. 성령의 증언은 우리가 하나님의 자녀라는 직접적인 증언이며, 우리의 증언은 간접적인 증언이다. 우리의 증언은 성령의 증언을 확인해주는 보조적 역할을 한다.

그리스도인들은 그런 증언이 있기에 그들이 하나님의 자녀라고 확신하게 된다. 얼마나 분명한 구원의 확신인가! 그들이 하나님의 자녀가 되었기에, 그 하나님이 그들의 아버지가 되셨다! 그뿐 아니다! 하나님을 같은 아버지로 모신 성도들과도 특별한 관계를 맺게 되었는데, 곧 형제자매가 된 것이다. 같은 성령의 증언으로 같은 신앙고백을 나누는 특권을 누리게 된 것이다. 앞에서 이미 언급한 대로, 그들의 구주이신 예수 그리스도는 그들의 맏형이 되셨다.

사도 요한도 이렇게 묘사했다. '하나님의 아들을 믿는 자는 자기 안에 증거가 있고'(요일 5:10a). 자기 안에 있는 증거는 두말할 필요도 없이 성령의 증거이다. 물론 '우리 영의 증거'도 있지만 말이다. 이런 확실한 증거로 인해 그리스도인들은 기쁨이 충만해서 그들 안에 있는 증거를 그들 밖으로 내보고자 하는 열망에 사로잡힌다. 그런 것이 바로 성령이 인도하시는 간증이며 전도이다.

3. 꼬리

성령의 역할 중 하나는 증언이기에, 본문은 이렇게 확인한다. '증언하는 이는 성령이시니 성령은 진리니라.' 그런데 갑자기 증언하는 이가 셋이라고 사도 요한은 이렇게 추가한다: "증언하는 이가 셋이니, 성령과 물과 피라. 또한 이 셋은 합하여 하나이니라." 하나님의 말씀은 왜 성령의 증언을 셋의 증언으로 부연해서 설명했는가? 그 이유는 성령이 진리이므로, 그 진리에 따라 증언하시기 때문이다.

진리인 말씀에서 중요한 판결에 대해서 두세 명이 증언해야 한다. 말씀으로 확인하자. "사람의 모든 악에 관하여 또한 모든 죄에 관하여는 한 증인으로만 정할 것이 아니요, 두 증인의 입으로나 또는 세 증인의 입으로 그 사건을 확정할 것이며"

(신 19:15). 인간의 판결에도 두 사람이나 세 사람의 증언이 필요한데, 성령의 증언은 두말할 필요가 없다. 영원한 것을 증언하시기 때문이다. '성령과 물과 피'의 증언은 셋이지만 하나인데, 똑같은 내용이기 때문이다.

첫 아담과 마지막 아담이신 예수 그리스도가
성령이 내주하시는 성령의 전인 것처럼, 그리스도인들도 역시
성령의 전이다. 그들이 예수 그리스도를 통해 구원받을 때
성령이 그들의 삶 속에 들어오셨기 때문이다.
그들을 성령의 전으로 삼으신 성령은 완전하시지만,
그 전은 육체의 한계로 인해 완전하지 않다.
시시때때로 성령이 거하시는 전 답지 않은 삶을 살기 때문이다.
그러나 그들 안에 계신 성령으로 인하여 그 전은 완전을 향해 나아간다.
그것을 보증하는 분도 다름 아닌 성령이시다.
성령이 그들 안에 들어오셔서 지금은 비록 한계 있는 삶을 살지만,
주님이 다시 오실 때 완전해질 것을 보증하셨다.
그때 몸이 영원한 몸, 거룩한 몸, 영광의 몸으로 변화되기 때문이다.
성령의 보증은 약속이다! 성령이 친히 약속하셨기에
반드시 그분이 성취하신다. 그렇게 성취될 때,
그들은 부활하신 그리스도 예수님처럼 완전하게 변화할 것이다.
현재의 성령의 전에서 장래의 완전한 몸 사이에 있는
그리스도인들은 어느 곳에서 살아야 하는가? 그 삶의 터전은 교회이다.
그들은 성령의 세례를 통해 우주적 교회에 속했을 뿐 아니라
지역 교회에도 속하게 된다. 그들의 종교적 배경이나 사회적 배경이
다를지라도 형제자매로서 삶을 나누는 정겨운 교제를 한다.
궁극적으로 그런 정겨운 교제가 주님의 재림과 더불어
완전하고도 영원한 교제로 바뀌리라는 기대를 품고서 말이다.

5
새로운 신분을
위하여

1장 성령의 전

"너희 몸은 너희가 하나님께로부터 받은 바
너희 가운데 계신 **성령의 전**인 줄을 알지 못하느냐?
너희는 너희 자신의 것이 아니라.
값으로 산 것이 되었으니, 그런즉 너희 몸으로 하나님께 영광을 돌리라"
(고린도전서 6:19-20)

1. 머리

'너희 몸은…성령의 전인 줄을 알지 못하느냐?'는 엄청난 소식을 들은 사람들은 다름 아닌 고린도 사람들이었다. 고린도 사람들은 무엇보다도 우상 숭배에 깊이 찌든 사람들이었다. 그들은 고린도 여러 곳에 장엄한 성전들을 세워놓고, 거기에서 그들이 섬기는 신들을 섬기던 사람들이었다. 그러니까 그들은 성전에 대해 너무나 잘 아는 사람들이다. 그런데 이게 웬 말인가? 그들이 성령이 거하시는 거룩한 전이라니…!

그들에게 영원하신 영광스러운 하나님에 대한 소식을 전해준 사람은 바울 사도였다. 그가 전해준 그런 엄청난 소식, 곧 그들이 '성령의 전'이라는 소식을 접한 고린도 사람들은 그들이 열광적으로 섬기던 성전들과 우상들을 기억하였을 것이다. 형형색색으로 치장한 우상들과 성전들, 상다리가 부러지도록 차려놓은 제사상들과 제물들, 술과 여자들, 광란의 춤—이런 모든 것들을 기억하면서 그들은 한편 쓰디쓴, 또 한편 감사의 웃음을 웃었을 것이다.

2. 몸

쓰디쓴 웃음은 그들의 어리석은 행위 때문이었고, 감사의 웃음은 그들을 그런 우상 숭배에서 해방해주신 주님 때문이었을 것이다. 그들은 바울 사도가 전해준 십자가의 메시지를 들었고, 그리고 적극적으로 반응해서 인생의 목표와 방법이 변화된 것이다. 바울 사도는 고린도의 그리스도인들에게 보낸 편지에서 그 과정을 언급했다. 그가 '십자가에 못 박힌 그리스도를 전했고'(고전 1:23), 하나님께서 그 '전도의 미련한 것으로 믿는' 고린도 사람들을 구원하셨다 (고전 1:21).

1) "성령의 전"
그렇게 구원받은 은혜로 인해 고린도 사람들이 우상들과 성전들을 포기하고 하나님을 섬기기 시작했다. 그것만으로도 너무나 혁혁한 변화였다. 그런데 그것이 전부가 아니라면서, 바울 사도는 그들이 **성령의 전**이라고 추가해서 언급했다. 그들이 '물과 성령으로' 거듭날 때 성령이 그들 안으로 들어오셨고, 이미 살펴본 대로 그들 안에서 인을 치셨고, 그리고 내주하시기 때문에 그들이 성령의 전이라는 것이다.

바울 사도는 그 고린도 그리스도인들에게 이처럼 엄청난 사실을 한 번만 언급하면 의아해하는 사람들이 있을지도 모르기에 거듭 이렇게 확인해주었다. "너희는 너희가 하나님의 성전인 것과 하나님의 성령이 너희 안에 계시는 것을 알지 못하느냐?"(고전 3:16). 성령이 그들 안에 내주하시기에 그들이 성령의 전이지만 동시에 하나님의 성전이라는 것이다. 인간이 만든 성전에서 우상을 섬기던 그들이 성령의 전이 되었다니, 얼마나 혁혁한 변화인가!

어떻게 고린도 사람들이 그처럼 높고 위대한 하나님의 성전이 될 수 있는가? 그들을 성전으로 삼으신 하나님은 어떤 분인가? 그분은 삼라만상을 창조하신 전능하신 창조주이시다. 두말할 필요도 없이 그분은 인간도 만드셨다. 그분이 손수 만드신 피조물인 인간을 성전으로 삼아서 그 인간 안에 계신다는 것이다. 물론 성령의 내주로 가능한데, 그 이유는 성령 하나님이 바로 전능하신 하나님이시기 때문이다.

그 하나님은 거룩하신 분이다. 거룩하다는 말은 '다르다', '분리하다', '성별하다' 등의 의미이다. 그렇게 거룩하신 하나님이 어느 모양으로 보든지 전혀 거룩하지 않은 사람들, 특히 우상을 그렇게 열광적으로 섬기던 고린도 그리스도인들의 마음 안에 거주하시니, 제한적인 인간의 머리로는 도저히 이해가 가지 않는다. 바울 사도는 그리스도인들이 이해할 수 없는 엄청난 사실을 알려준 것이다. 그리스도인들은 **성령의 전**이라고!

하나님은 거룩하실 뿐 아니라, 영원하신 분이다. 그런 영원하신 하나님이 시간이라는 제한 가운데 사는 인간들 안에 들어오시다니! 왜 하나님은 성령을 통해 인간들의 마음 안에 들어오셨는가? 물론 그들을 성령의 전으로 삼으시기 위함이다. 그러나 그것만이 아니다! 하나님이 영원하신 것처럼, 하나님의 성전인 그리스도인들도 역시 영원한 존재가 되게 하신 것이다. 그것도 하나님과 함께하는 영원한 존재가 되었다. 성령의 역사는 참으로 놀랍고도 놀랍다.

2) 첫 번째 성령의 전

그러면 인간이 성령의 전이 된 것은 고린도의 그리스도인들이 처음이었나? 아니다! 이미 성령이 내주하시는 성령의 전이 있었는데, 곧 아담이다. 하나님이 창조하신 첫 인간 아담은 성령이 내주하신 성령의 전이었다. 하나님의 말씀으로 이처럼 놀라운 사실을 확인하자. "여호와 하나님이 땅의 흙으로 사람을 지으시고, 생기를 그 코에 불어넣으시니 사람이 생령이 되니라"

(창 2:7). 이 말씀에서 '생기를 그 코에 불어넣으시니'를 눈여겨 보자.

하나님의 생기는 두말할 필요도 없이 하나님의 영이다. 그 이유는 간단한데, '하나님은 영'이시기 때문이다 (요 4:24). 하나님은 아담의 몸을 흙으로 지으신 후, 그 몸 안에 당신의 영을 불어 넣어 주셨다. 그러니까 아담의 몸 안에는 하나님의 영, 곧 성령이 내주하셨다. 성령의 내주하시니 아담은 당연히 **성령의 전**이 된 것이다. 하나님의 형상에 따라 지음을 받은 아담은 완전무결한 성령의 전이었다.

아담은 고린도의 그리스도인들보다 비교할 수 없을 정도로 뛰어난 성령의 전이었다. 그에게는 죄의 성품도 존재하지 않았고, 따라서 어떤 죄도 범하지 않았다. 그는 하나님이 거룩하신 것처럼 거룩한 성령의 전이었다. 그의 판단력은 완전했고 (창 2:19), 그의 의지는 거룩했고 (창 2:15), 그의 마음속에 있는 사랑은 완전했다 (창 2:23). 아담은 하나님이 창조하신 최초의 성령의 전으로 모든 면에서 완전했다. 하나님이 '보시기에 심히 좋았던' 것이다 (창 1:31).

흙으로 빚어진 아담 자신이 완전한 것이 아니라, 그의 마음 안에 내주하시는 성령으로 인해 완전하고 거룩한 성령의 전이 되었던 것이다. 그런데 불행하게도 어느 날 그 안에 있던 성령이 그를 떠나는 비극을 경험했다. 먹으면 죽는다는 경고를 무시하고 금단의 열매를 먹었기 때문이었다 (창 2:17, 3:6). 하나님이 경고하신 죽음의 뜻은 분리이며, 아담이 그렇게 불순종하자, 그 안에 내주하시던 성령이 그를 떠나갔다. 다시 말해서, 아담은 영적으로 죽었다!

하나님의 영이 떠나자 아담은 하나님과의 교제가 끊어졌다. 하나님과 교제가 깨어진 인간으로 전락한 것이다. 그의 마음에는 하나님 대신에 자신을 집어넣었다. 그때부터 그의 모든 생각과 언행은 자신에게서 나오고 자신을 위하는 존재가 되었다. 성령의 전은 부패해졌고, 손상되었고, 그리고 파괴되었다. 그의 마음은 하나님 대신에 욕심과 욕정과 욕망이라는 야수^{野獸}가 으르렁거리는 황폐한 산과 들같이 되었다.

3) 두 번째 성령의 전

아담의 상태는 후일에 솔로몬의 성전이 파괴되고, 그 성전이 있던 유다가 황폐되어 야수들이 우글거리는 황무지가 된 것과 아주 비슷하다. 예레미야가 예언한 대로이다. "내가 예루살렘을 무더기로 만들며 승냥이 굴이 되게 하겠고 유다의 성읍들을 황폐하게 하여 주민이 없게 하리라"(렘 9:11). 하나님이 손수 창조하시고 성령의 전으로 만들어주신 아담이 이처럼 타락하다니, 너무나 불행했다.

그러나 하나님은 당신이 직접 창조하신 아담을 그대로 버려두기를 원하지 않으셨다. 다시 아담과 인간을 성령의 전으로 재창조하기를 원하셨다. 그 방법은 다름 아닌 당신의 아들 예수 그리스도였다. 그분으로 성령의 전이 되게 하신 방법을 통해서이다. 사도 요한은 그분의 탄생을 이렇게 묘사했다. '말씀이 육신이 되어 우리 가운데 거하시매…'(요 1:14a). 이 묘사에서 '거하시매'라는 동사는 성령의 전을 해석하는 열쇠이다.

'거하시매'는 헬라어로 '성막이 되다'의 뜻으로서, 예수 그리스도가 성전으로 이 세상에 오심을 가리킨다. 실제로 그분은 이렇게 말씀하신 적이 있다: '너희가 이 성전을 헐라 내가 사흘 동안에 일으키리라'(요 2:19). 그 말씀에 반발하자 이렇게 해명하셨다. "그러나 예수는 성전된 자기 육체를 가리켜 말씀하신 것이라"(요 2:21). 사도 요한을 비롯하여 그분의 제자들이 그 사실을 깨달은 것은 그분이 십자가에서 죽으셨다 부활하신 후였다(요 2:22).

첫 번째 성령의 전인 아담이 불순종으로 말미암아 깨어졌는데, 두 번째 **성령의 전**인 예수 그리스도도 깨어지셨다. 그 이유는 깨어진 첫 번째 전을 소생시키기 위해서였다. 그분이 몸소 십자가에서 깨어지셔야 첫 번째 깨어진 성령의 전이 재창조될 수 있었다. 재창조를 위해 한 단계를 더 거치셔야 하는데, 곧 죽은 자 가운데서 다시 살아나셔야 했다. 본인이 다시 살아나지 못한다면, 어떻게 깨어진 성령의 전을 부활시킬 수 있는가?

깨어진 창조의 역사는 마침내 재창조의 역사를 통해 성령의 전을 일구어내셨다. 그 결과 중 하나가 고린도의 그리스도인들이다. 우상 숭배자였던 그들이 성령의 전이 되게 하신 것은 하나님의 사랑이 없다면 절대로 가능하지 않았다. 하나님은 그 사랑을 실천하시면서 당신의 아들로 죽음과 부활의 관문을 통과하게 하셨는데, 이런 과정은 하나님의 말할 수 없는 지혜였으며, 그 지혜를 실현하신 것은 그분의 놀라운 능력이었다.

3. 꼬리

깨어진 성령의 전을 부활시키기 위해 예수 그리스도는 자신이 깨어지셨다. 그분이 그렇게 깨어지지 않으셨다면, 깨어진 성령의 전은 영원히 깨어진 상태로 남아있었을 것이다. 그러나 그분이 십자가에서 산산조각이 날 정도로 깨어지셨기에 산산조각이 난 고린도의 그리스도인들이 성령의 전이 되었다. 하나님의 사랑과 지혜와 능력은 깊고도 풍성하여 인간의 지혜로는 다 이해할 수 없다. 우리 모두는 오직 그분 앞에 무릎을 꿇고 경배할 뿐이다!

그렇게 큰 대가를 치르고 성령의 전이 된 고린도의 그리스도인들은 더는 그들의 것이 아니라 하나님의 것이다. 그러므로 그들은 그들의 몸으로 하나님의 영광을 돌리는 삶을 살아야 한다고 바울 사도는 엄히 명령한다 (고전 10:31). 성령의 전이 된 몸으로 어두움이나 우상과 상관하지 않으면서 거룩한 삶을 유지

해야 한다 (고후 6:14-16). 물론 그런 명령은 고린도의 그리스도인들에게만 주어지지 않았다. '물과 성령'으로 거듭나서 성령의 전이 된 모든 그리스도인에게도 주어졌다.

2장 성령의 세례

"우리가 유대인이나 헬라인이나 종이나 자유인이나
다 한 성령으로 세례를
받아 한 몸이 되었고,
또 다 한 성령을 마시게 하셨느니라"
(고린도전서 12:13)

1. 머리

　신약성경에서 '성령의 세례'라는 직접적인 표현이 7번 나온다 (마 3:11, 막 1:8, 눅 3:16, 요 1:33, 행 1:5, 11:16, 고전 12:13). 그 외에도 성령의 세례를 함축하는 표현도 4번이나 나온다 (롬 6:1-4, 갈 3:27, 엡 4:5, 골 2:12). 그 7번 가운데서 사도행전 1장 5절의 말씀을 인용해보자. "요한은 물로 세례를 베풀었으나, 너희는 몇 날이 못되어 *성령으로 세례*를 받으리라 하셨느니라." 예수님의 약속대로 제자들은 10일 후에 그 약속이 성취되는 것을 경험하였다.

약속의 성취를 직접 인용해보자. "그들이 다 *성령의 충만함*을 받고 성령이 말하게 하심을 따라 다른 언어들로 말하기를 시작하니라"(행 2:4). 그런데 약속과 성취를 묘사하는 표현이 다르다! 약속은 '성령의 세례'인데, 성취는 '성령의 충만함'이다. 이 두 표현은 같은 의미지만, 전자는 약속할 때 사용된 것이고, 후자는 그 약속이 성취할 때 사용된 것이다. 다른 말로 하면, 전자는 약속이나 후자는 경험이다.

2. 몸

그런데 고린도전서 12장 13절에 포함된 성령의 세례는 위에서 언급한 성령의 세례와는 의미와 경험에서 전혀 다르다. 우선, 성령의 세례는 약속이다. 그 경험이 성령의 충만이다. 그러나 이 경우의 성령 세례는 경험이 아니다. 거듭나는 순간 성령이 내주하심을 성령의 세례라고도 한다. 그다음, 의미에서도 다르다. 성령의 세례는 오순절의 경험을 염두에 둔 약속이다. 그러나 이 경우의 성령 세례는 오순절의 경험과는 무관하다.

1) 의미
고린도전서 12장에 나오는 성령의 세례에 대해 알아보기 위해 먼저 그 내용 안에 포함된 몸에 대해 알아보자. 몸은 두말할 필요도 없이 교회를 뜻한다. 그 몸의 머리는 교회의 주인이신 예수 그리스도이다. '…그리스도께서 교회의 머리 됨과 같음이니, 그가 바로 몸의 구주시니라'(엡 5:23). 머리와 몸이 하나인 것처럼, 그리스도와 교회도 역시 하나이다. 몸이 머리의 지시를 따르는 것처럼, 교회도 그리스도의 지시를 따른다.

그런데 교회인 몸은 두 가지의 뜻이 있다. 하나는 지역 교회 또는 유형교회이고, 또 하나는 우주적 교회 또는 무형교회이다. 바울 사도는 특히 에베소 교회에 보내는 서신에서 이 두 가지를 명백히 구분한다. 우주적 교회를 뜻하는 몸을 묘사하는 말씀을 보자. "교회는 그의 몸이니 만물 안에서 만물을 충만하게 하시는 이의 충만함이니라"(엡 1:23). 이 말씀 외에도 에베소서 2장 16절과 4장 4절의 몸도 우주적 교회를 가리킨다.

바울 사도는 몸이 지역 교회를 뜻하기도 한다며 말씀을 풀어 간다. "그에게서 온 몸이 각 마디를 통하여 도움을 받음으로 연결되고 결합되어, 각 지체의 분량대로 역사하여 그 몸을 자라게 하며 사랑 안에서 스스로 세우느니라"(엡 4:16). 바울 사도는 이 말씀에서 지역 교회인 몸은 그 몸을 이루고 있는 지체들이 그들의 위치에서 그들에게 맡겨진 사역에 충실할 때, 성장한다고 설명한다. 그 외에도 지역 교회를 뜻하는 말씀은 많다(엡 4:12, 5:30).

본문의 '다 한 성령으로 세례를 받아 한 몸이 되었고'에서 몸은 우주적 교회를 뜻한다. 고린도의 그리스도인들이 예수 그리스도를 구주로 받아들이는 순간 그들은 거듭났으며, 성령이 인을 치셨고, 또 성령이 내주하셨다. 바로 그때 그들은 성령의 세례를 받아서 우주적 교회의 일원이 된 것이다. 그러니까 같은 성령의 역사를 달리 표현한 것은 그 목적이 다르기 때문이다. 성령으로 세례를 받았다는 것은 우주적 교회에 들어간 사실을 표현한 것이다.

그렇게 우주적 교회인 몸에 붙은 지체들은 시간과 공간을 초월하는 모든 성도를 가리킨다. 그들이 언제 그리고 어디에 있든지 구원받는 순간 성령의 세례를 통해 우주적 교회의 일원이 된다. 그러나 그들은 반드시 지역 교회에도 속해야 한다. 그들이 지역 교회에 속하기 위해서는 물세례를 통해서 정식 회원이 되어야 한다. 물세례는 성령의 세례 후에 육체적으로 받는 상징적인 예식이다. 그 예식을 통해 지역 교회의 정회원이 된다.

2) "한 몸"

바울 사도가 묘사한 본문 가운데 일부를 다시 인용해보자. "우리가 유대인이나 헬라인이나 종이나 자유인이나 다 한 **성령으로 세례**를 받아 한 몸이 되었고." 이미 언급한 것처럼, 몸은 교회를 가리킨다. 그런데 그 교회의 구성원은 다양하다는 것이다. 그들의 배경이 아무리 달라도 상관없이 '한 몸'을 이루었다는 것이다. 그렇게 '한 몸'으로 엮은 것은 다름 아닌 성령의 세례였다는 것이다.

첫 번째 배경의 차이는 종교이다. '유대인이나 헬라인'은 엄청 난 종교적 배경이 다르다는 사실을 가리킨다. 모든 그리스도인 이 아는 대로 유대인은 철저한 율법주의자들로, 하나님과 모세 를 절대시하는 사람들이다. 바울 사도의 진단이다: "유대인이 라 불리는 네가 율법을 의지하며 하나님을 자랑하며, 율법의 교 훈을 받아…"(롬 2:17-18). 하나님보다 율법을 앞세운 것은 유 대인은 무의식적이든 의식적이든 율법을 그만큼 중요하게 여겼 다는 것이다.

헬라인은 온갖 우상을 섬기는 사람들이었다. 바울 사도는 그 런 이방인을 이렇게 설파했다. "그 때에 육체로는 이방인이요, 손으로 육체에 행한 할례를 받은 무리라 칭하는 자들로부터 할 례를 받지 않은 무리라 칭함을 받는 자들이라; 그 때에 너희는 그리스도 밖에 있었고, 이스라엘 나라 밖의 사람이라; 약속의 언약들에 대하여는 외인이요 세상에서 소망이 없고 하나님도 없 는 자"였다(엡 2:11-12).

한 마디로 유대인과 헬라인은 '한 몸'을 이룰 수 없는 이질적 인 집단이었다. 그런데 그들이 '한 성령으로 세례를 받아 한 몸 이 되었다'는 것이다. 어떻게 그런 일이 가능한가? 예수 그리스 도가 그들을 위해 피를 흘리면 죽으셨기에 가능했다. "이제는 전에 멀리 있던 너희가 그리스도 예수 안에서 그리스도의 피로 가까워졌느니라…둘로 하나를 만드사 원수 된 것 곧 중간에 막 힌 담을 자기 육체로 허시고…이 둘로 자기 안에서" 한 몸을 만드셨다 (엡 2:13-15).

그들을 '한 몸'으로 만든 것은 그리스도의 피와 성령의 세례였다. 그런데 종교적인 차이만 극복한 것이 아니라 신분의 차이도 극복했는데, 바울 사도는 그것을 이렇게 묘사했다: '종이나 자유인이나….' 노예를 뜻하는 종이 그들을 부리던 자유인과 '한 몸'을 이루었다는 것이다. 물론 그것도 성령의 세례를 통해서였다. 그렇다! 종교적 차이와 사회적 신분의 차이를 막론하고 성령의 세례로 '한 몸'을 이룬 것이다. 과연 성령의 세례는 놀랍고 놀랍다!

3) "지체들"

재론할 여지 없이 몸은 많은 지체로 이루어진다. 바울 사도의 표현이다: "몸은 하나인데 많은 지체가 있고 몸의 지체가 많으나 한 몸임과 같이 그리스도도 그러하니라" (고전 12:12). 많은 지체가 한 몸을 이루게 한 것도 역시 성령의 역사이다. 본문 중 일부를 다시 인용해보자. '…한 몸이 되었고, 또 다 한 성령을 마시게 하셨느니라.' 성령의 세례를 받는 순간 모든 지체는 '한 성령을 마셨고', 그리고 몸에 붙은 지체가 되었다.

그런데 놀라운 것은 하나같이 다른 모습의 지체들이 조화를 이룬다는 것이다. 눈과 귀, 손과 발, 심장과 허파 등 모습이 전혀 다른 지체들이 마치 하나인 것처럼 같은 방향으로 움직인다. 그뿐 아니라 그 지체들이 자리한 곳도 모두 다르다. 역할이 다른 것은 두말할 필요가 없다. 또 지체들이 지닌 능력도 전부 다르다는 뜻이다. 결국, 하나도 같지 않은 지체들이 마치 하나인 것처럼 일사불란하게 움직이는 이유는 그들이 성령을 마셨기 때문이다.

그 지체들을 '한 몸'의 구석구석에 배치한 성령의 역할은 참으로 대단하다. 그 성령은 '몸'의 건강과 안녕을 위해 그 지체들을 돌보시고 인도하신다. 그 결과 '한 몸'은 시간이 지날수록 그리스도의 형상을 닮아가면서 거룩해진다. 그 몸이 거룩해지면서 다른 사람들에게 영향을 끼치게 된다. 어떤 지체는 입을 사용해서 말씀을 가르치거나 아니면 전도한다. 어떤 지체는 손을 사용해서 다른 사람들의 필요를 채워주기도 한다.

그 지체들은 서로를 의지하지 않으면 안 된다. 성령이 그들을 사랑의 띠로 묶으셨기 때문이다 (엡 4:3). 비록 지체들이 많지만, 한마음이 되어 몸의 유익을 위해 정진한다. 그 결과 부분과 전체가 하나가 되어 위로는 하나님께 영광을 돌리고 아래로는 다른 사람들, 특히 불신자들에게 선한 영향력을 발휘한다. 이렇게 지체들이 하나가 된 '한 몸'이야말로 이상적인 교회라고 할 수 있다.

지체들이 내적으로 이처럼 서로를 조건 없이 사랑하면, 당연히 외적으로 선한 영향을 끼치게 된다. 이런 지체들은 적극적으로 서로를 사랑한다. 그러나 소극적으로는 다른 지체가 약하거나 아플 때 같이 아파하고 같이 연약함을 느낀다. 바울 사도의 말대로이다. "만일 한 지체가 고통을 받으면 모든 지체가 함께 고통을 받고…." 반면, "한 지체가 영광을 얻으면 모든 지체가 함께 즐거워한다"(고전 12:26). 이런 모습이 바울 사도가 언급한 교회이다.

3. 꼬리

'구원을 위한 성령의 역할'은 끝이 없을 정도로 많고도 다양하다. 그뿐 아니라 성령의 역할은 구원을 위해 절대적이다. 불신자가 믿지 않을 때도 성령은 그를 찾아가서 그의 죄를 책망하면서 죄에서 떠날 것을 촉구하신다. 그 불신자가 적극적으로 반응하면, 성령은 그로 회개와 믿음을 구사하여 예수 그리스도께로 돌아오라고 촉구하신다. 만일 불신자가 그렇게 돌아오면, 그는 구원의 은혜를 경험한다. 그의 생애가 180도 회전한 것이다.

성령은 그렇게 회전하여 회심한 그리스도인을 위하여 엄청난 역사를 일구기 시작하시는데, 곧 칭의와 중생과 양자이다. 죄의 문제를 해결한 그 죄인의 마음 안에 들어오셔서 그로 중생의 은혜를 맛보게 하신다. 그 순간 하나님은 그를 당신의 양자로 삼으시면서, 아버지와 자녀의 관계가 형성된다. 그때부터 성령은 그에게 인을 치시면서 내주하시어 증언을 시작하신다. 그때부터 그는 성령의 전이 될 뿐 아니라, 예수 그리스도의 몸에 붙는 지체가 된다.

3장 성령의 보증

"참으로 이 장막에 있는 우리가 짐진 것 같이
탄식하는 것은 벗고자 함이 아니요
오히려 덧입고자 함이니,
죽을 것이 생명에 삼킨 바 되게 하려 함이라.
곧 이것을 우리에게 이루게 하시고
보증으로 성령을 우리에게 주신 이는 하나님이시니라"
(고린도후서 5:4-5)

1. 머리

　바울 사도는 보증이란 단어를 그의 서신에서 3번 사용했다. 한글로 된 신약성경에서는 보증이란 단어가 두 번 더 나오는데, 그 의미는 전혀 다르기에 여기서는 인용하지 않겠다 (히 6:17, 7:22). 바울 사도가 사용한 보증은 헬라어로 *아바론*(ἀρραβών)인데, 그 당시 사업하는 사람들은 이 단어를 종종 사용했다. 그 용도는 다음과 같은 세 가지를 함축했다. 첫째, 물건을 사고팔 때 계약을 성사시키기 위해 계약금을 치렀는데, 그 계약금이 *아바론*, 곧 보증이다.

둘째, 그렇게 계약금을 지급한 사람은 잔금을 치르고 그 물건을 반드시 구매하지 않으면 안 됐다. 계약금을 지급하므로 그는 의무와 권리를 동시에 갖게 되었는데, 곧 구매는 그의 의무이지만 본인 외에는 누구도 그 물건에 손을 델 수 없는 권리를 갖는다. 셋째, 잔금을 치르는 즉시 그 물건은 그 사람의 소유가 된다. 그가 꿈꾸며 기대했던 대로, 마침내 그 물건을 손에 넣어 그의 소유가 된다.

2. 몸

바울 사도는 이처럼 사업가들이 사용하는 단어를 사용해서 성령의 보증을 언급했다. 회개와 믿음을 거쳐서 거듭나는 사람에게 성령이 임하셔서 인을 치시고 내주하신다. 그런데 그렇게 내주하시는 성령을 또 다른 표현으로 묘사했는데, 바로 성령의 보증이다. 그 성령은 어느 날 주님이 재림하실 때, 완성될 구원의 보증이다. 주님은 성령의 보증을 통해 그리스도인들의 몸을 반드시 영광스럽게 변화시켜서 구원을 완성하시겠다는 약속이자 보증이다.

1) 약속
"하나님의 **약속**은 얼마든지 그리스도 안에서 예가 되니, 그런

즉 그로 말미암아 우리가 아멘 하여 하나님께 영광을 돌리게 되느니라. 우리를 너희와 함께 그리스도 안에서 굳건하게 하시고 우리에게 기름을 부으신 이는 하나님이시니, 그가 또한 우리에게 인치시고 보증으로 우리 마음에 성령을 주셨느니라"(고후 1:20-22). 이 말씀에서 하나님의 약속은 절대로 깨어지지 않고 반드시 그대로 성취되는데, 그 언약의 성취를 '예가 되니'라고 표현했다.

그렇다! 하나님의 약속은 반드시 그대로 성취된다. 그뿐 아니라 예수 그리스도의 **약속**도 역시 그대로 성취된다. '하나님의 아들 예수 그리스도는 예 하고 아니라 함이 되지 아니하셨으니, 그에게는 예만 되었느니라'(고후 1:21). '변함도 없으시고 회전하는 그림자도 없으신' 하나님의 약속이 이루어지지 않을 리 없다(약 1:17). 그리고 예수 그리스도의 약속이 이루어지지 않는다면, 그분은 결단코 '길이요 진리요 생명'이라고 선언하지 않으셨을 것이다.

하나님과 그분의 아들 예수 그리스도의 변함없는 인격 때문에 그분들의 약속이 반드시 성취될 것이다. 그런데 그것만으로는 많은 사람의 의구심을 떨쳐버리지 못하기나 할 것처럼, 그 약속이 성취된다는 증언이 있는데, 곧 '성령의 보증'이다. 성령의 보증은 성령이 책임지고 반드시 그 약속을 이루게 하시겠다는 것이다. 하나님의 자녀들은 그들의 마음속에서 보증하시는 성령 때문에 하나님과 그 아들의 약속들이 이루어질 것을 내적으로 확신하게 된다.

성령의 보증을 위하여 성령이 예수님을 믿는 그리스도인들의 마음속에 들어오셨다. 다시 그 말씀을 인용해보자. "…그리스도 안에서 굳건하게 하시고 우리에게 기름을 부으신 이는 하나님이시니, 그가 또한 우리에게 인치시고 보증으로 우리 마음에 성령을 주셨느니라." 이 말씀에서 성령의 내주가 네 가지로 묘사되었는데, 곧 '굳건하게,' '기름을 부으신,' '인치시고,' '우리 마음에 성령을 주셨느니라.' 이 네 가지 묘사는 모두 성령의 내주를 의미한다.

왜 성령의 내주를 이처럼 여러 가지로 묘사했는가? 한 가지를 강조하기 위해서인데, 곧 '성령의 보증'이다. 하나님과 예수 그리스도의 수많은 약속이 반드시 성취된다는 확신을 위해서 그리스도인들의 마음속에 있는 성령이 보증하신다. 위에서 언급한 대로, 성령이 책임을 지시겠다는 엄청난 보증이다. 그 보증으로 인해 그리스도인들은 하나님과 그 아들의 많은 약속을 의지해서 기도도 하고, 악의 세력과 싸움도 하며, 생명을 걸고 복음도 전하고, 선교도 한다.

2) 변화

성령은 하나님의 약속들이 이루어질 것에 대해서만 보증하시지 않는다. 성령은 그리스도인들의 몸이 변화될 것에 대해서도 보증하신다. 다시 바울 사도의 말을 인용해보자. "참으로 이 장

막에 있는 우리가 짐진 것 같이 탄식하는 것은 벗고자 함이 아니요, 오히려 덧입고자 함이니 죽을 것이 생명에 삼킨 바 되게 하려 함이라. 곧 이것을 우리에게 이루게 하시고 보증으로 성령을 우리에게 주신 이는 하나님이시니라"(고후 5:4-5).

바울 사도를 통해 하나님은 그리스도인들에게 엄청난 약속을 주셨는데, 그것은 그들의 몸이 영적인 몸, 영원한 몸, 영광의 몸으로 변화된다는 것이다. 그것을 어떻게 알 수 있는가? 그들 안에 내주하신 성령이 보증하시기 때문에 안다. 그들이 회개와 믿음을 통해 예수 그리스도 앞에 무릎을 꿇었을 때, 그들은 구원받았다. 그런데 그 구원은 영적 구원으로 그들의 죄가 씻기어졌고, 그리고 성령이 그들의 삶 속으로 들어오셨다.

그렇게 놀라운 구원을 경험했지만, 그들에게 부여된 그리스도인의 삶은 결단코 만만하지 않다. 그 이유는 간단하다! 비록 영적으로는 구원받았지만, 그리스도인다운 삶도 살아야 하기 때문이다. 그런데 그들이 그런 삶을 살지 못하도록 방해하는 세력이 너무나 많다. 세상의 물결도 방해하며, 악령들도 방해한다. 그러나 무엇보다도 그들을 방해하는 것은 그들의 몸, 곧 육체에 내재해 있는 죄의 속성이다.

구원은 영적 구원, 삶의 구원 및 몸의 구원 등 세 가지이며, 그것은 시간으로 말하면 과거와 현재와 미래를 망라한다. 결국, 한계 있는 몸이 완전히 변화될 때까지는 '구원의 완성'이라고 할 수 없다. 그런데 바울 사도는 그 몸이 영적인 몸으로 그리고 완전한 몸으로 변화된다는 것이다. 그때 구원이 완성된다! 그리고 그런 변화를 위해 그리스도인들의 삶 속에 내주하시는 성령이 보증하신다.

그리스도인들 안에 내주하시며 보증하시는 성령으로 인해 그들의 몸이 변화된다고 바울 사도는 이렇게 선언한다. "예수를 죽은 자 가운데서 살리신 이의 영이 너희 안에 거하시면, 그리스도 예수를 죽은 자 가운데서 살리신 이가 너희 안에 거하시는 그의 영으로 말미암아 너희 죽을 몸도 살리시리라"(롬 8:11). '죽을 몸도 살리시리라'는 내주하시는 성령으로 인하여 그들의 몸이 영적 몸, 영원한 몸, 영광의 몸으로 변화된다는 약속이다.

3) 기업

그리스도인들은 하나님의 자녀로서 그분의 친아들과 더불어 하나님의 나라에서 기업을 물려받는다. 바울 사도의 확언이다. "자녀이면 또한 상속자 곧 하나님의 상속자요 그리스도와 함께한 상속자니 우리가 그와 함께 영광을 받기 위하여 고난도 함께 받아야 할 것이니라"(롬 8:17). 그런데 그들이 하늘나라에서 기업을 받을 것을 어떻게 알 수 있는가? 그것도 역시 성령이 보증하시기 때문에 안다.

바울 사도의 말을 다시 인용해보자. "…약속의 성령으로 인치심을 받았으니, 이는 우리 **기업**의 보증이 되사 그 얻으신 것을 속량하시고 그의 영광을 찬송하게 하려 하심이라"(엡 1:13b-14). 그리스도인들이 '물과 성령으로' 거듭날 때 성령이 인을 치시며 그들 안에 내주하시는데, 왜 내주하시는가? 이 말씀에 의하면, 첫째는 그들의 기업을 보증하시기 위해서이다. 둘째는 예수 그리스도를 통해 속량하신 하나님의 '영광을 찬송하게 하기' 위함이다.

그런데 보증은 계약금의 뜻을 갖는다고 언급한 바 있다. 계약금과 잔금은 똑같이 성령이다. 그러므로 계약금을 치르면서부터 그리스도인들은 기업의 맛을 보기 시작한다. 물론 완전한 기업은 아니지만, 그래도 그 기업은 그들의 것이라고 성령이 보증하시기에 그들은 그 기업을 누리기 시작한다. 그 기업은 완전한 평안, 완전한 사랑, 완전한 기쁨, 완전한 거룩, 완전한 빛, 완전한 자비 등이다.

그리스도인들은 그렇게 완전한 것은 누리지 못하지만 그래도 현재에서 시시때때로 평안과 기쁨을 누린다. 그들은 비록 완전하지는 않아도 그래도 위로 주님을 사랑하고 아래로 다른 그리스도인들을 사랑한다. 얼마나 놀라운 기업의 맛인가! 그들은 시시때때로 성령의 빛으로 하나님의 말씀을 깨닫고 생활에 적용하는 능력을 맛본다. 그렇지만 그들이 완전히 깨닫고 적용하려면 주님의 재림을 기다려야 한다.

그리스도인들은 너나 할 것 없이 거룩하게 살아가려고 애를 쓴다. '거룩'의 뜻은 '다르다'라는 의미라고 이미 언급한 바 있다. 그들은 불신자들과 다른 생각, 다른 언행, 다른 방법, 다른 목적을 누린다. 성령의 도움 때문이다. 그러나 그들이 경험하는 거룩은 어디까지나 한계가 있다. 주님이 거룩하신 것처럼 거룩하려면, 역시 주님의 재림을 기다려야 한다. 그런데 어느 날, 곧 주님이 재림하실 때, 그들도 주님처럼 거룩하게 된다고 성령은 보증하신다.

3. 꼬리

이스라엘 백성이 가나안에 들어가기 전에 모세는 정탐꾼을 보내면서 이렇게 말했다. "토지가 비옥한지 메마른지 나무가 있는지 없는지를 탐지하라; 담대하라! 또 그 땅의 실과를 가져오라 하니, 그 때는 포도가 처음 익을 즈음이었더라"(민 13:20). 그들이 돌아올 때 포도송이가 달린 가지를 베어왔다 (민 13:23). 그 포도송이는 마치 성령의 보증 같아서, 앞으로 이스라엘 백성이 맛보고 누릴 약속의 땅에 대한 상징이었다.

마찬가지로, 성령의 보증은 그리스도인들이 앞으로 누리게 될 변화와 영광에 대한 약속이다. 그 약속대로 그리스도인들은 육적인 몸이 영적인 몸으로 변화될 것이다. 그뿐 아니라, 그들은 하나님의 나라에서 그분의 아들이신 예수 그리스도와 더불어 기업을 만끽할 것이다. 그런 놀라운 복을 보증하신 분은 다른 분이 아닌 성령이시다. 그들이 성령의 인치심을 받아 성령이 내주하시면서, 그 성령은 그들에게 약속과 변화와 기업을 보증하신다.

그리스도인들이 거듭난 사실을 어떻게 알 수 있는가?
말씀을 통해서 그리고 성령의 확인으로 알 수 있다.
그런데 그 못지않게 확실한 확인은 그들의 고상한 갈등이다.
왜 주님 뜻대로 살지 못하면 갈등하는가? 그들 안에 내주하시는 성령이
근심하기 때문이다. 그들은 그런 고상한 갈등 때문에 거듭난 것을
확인하지만, 동시에 주님 앞에서 겸손해진다. 갈등할 때마다
그들은 주님 앞에 무릎을 꿇고 기도하며, 호소하며,
더 깊이 의지하게 된다.
그리스도인들의 마음속에 내주하시는 성령은 그들이 갈등하면서
패배의 쓴맛을 곱씹으면서 살기를 원하지 않으신다.
그들은 그 갈등을 통해 그들이 연약하다는 것을 느끼면서
주님을 더 깊이 의지하게 된다. 그리할 때 그들은 성령의 충만을
경험하므로 그런 갈등을 극복하게 하신다.
그렇다! 예수 그리스도의 구속적 죽음과 성령의 내주(內住)는
그리스도인들로 갈등에서 벗어나 승리의 삶을 누리게 하기 위함이었다.
두말할 필요도 없이 그들이 시시때때로 갈등하는 것은
육체의 한계 때문이다. 그러므로 최후의 승리는 육체의 한계를
벗어나는 것인데, 그것도 역시 성령의 몫이다. 주님이 다시 오실 때,
성령은 그들의 몸을 부활하신 그리스도의 몸처럼 변화시켜 주신다.
그들은 변화된 몸, 영원한 몸, 영광의 몸으로 그들을 구원해주신
성부·성자·성령 하나님을 찬송하며 경배할 것이다.
주님의 약속대로 그들은 절대적 거룩, 곧 영화 가운데로 들어간 것이다.

PART

6

승리의 삶을
위하여

1장 고상한 갈등

"내가 이르노니 너희는 성령을 따라 행하라;
그리하면 육체의 욕심을 이루지 아니하리라.
육체의 소욕은 성령을 거스르고 성령은 육체를 거스르나니,
이 둘이 서로 대적함으로 너희가 원하는 것을 하지 못하게 하려 함이니라"
(갈라디아서 5:16-17)

1. 머리

'물과 성령'으로 거듭난 그리스도인에게 주어지는 은혜는 말할 수 없이 많다. 인생의 목적이 자기중심에서 하나님으로 바뀌었다. 인생을 살아가는 방법이 온갖 수단을 가리지 않았으나, 이제는 하나님의 말씀과 성령의 인도하심을 따라 거룩한 방법으로 살아가려고 한다. 인생의 종착역도 달라졌는데, 지옥에서 천국으로 바뀌었다. 그러나 소극적인 은혜도 있는데, 그것은 내적 갈등이다. 그 이유는 간단하다! 내적 갈등은 진정으로 거듭난 산물이기 때문이다.

거듭난 그리스도인들은 왜 내적으로 갈등하는가? 그들에게
두 가지의 '사람'이 있기 때문이다. 거듭나기 전 태어나면서부터
있던 '옛 사람'이 있는가 하면, 다시 태어나면서 주어진 '새 사람'
이 있다 (엡 4:22-24). '옛 사람'은 끊임없이 그들을 옛날처럼 세
상적인 방향으로 이끄나, '새 사람'은 하나님의 방향으로 이끈
다. 바울 사도는 다른 곳에서 '옛 사람'과 '새 사람'을 그가 '미워
하는 것'과 '원하는 것'으로 대조하기도 했다 (롬 7:15).

2. 몸

바울 사도는 본문에서 그런 대조적인 갈등을 '육체의 소욕' 대
'성령'으로 묘사했다. 이 말씀에서 '소욕'은 '욕심', '욕망' 등을 뜻
하는데, 구태여 영어로 한다면 *desire*이다. 거듭난 그리스도
인들은 이처럼 서로 반대 방향으로 이끄는 육체의 욕망과 성령
의 욕망이 있으며, 이처럼 상반되는 욕망으로 인해 갈등한다.
그 갈등이 심해지면 그들이 '원하는 것을 하지 못하게 된다.' 그
런데 그런 영적 갈등은 그들의 삶 속에 성령이 내주하신다는 확
실한 증거이기도 하다.

1) '육체의 소욕'
'육체'는 성경에서 다음과 같은 여러 가지 뜻이 있다: 살, 몸,

사람, 피조물, 정신의 반대인 육체. 그러나 바울 사도가 본문에서 사용한 '육체'는 *자신*이나 *자아*를 가리킨다. 다시 말해서, '육체'는 자신을 자아 중심에 설정하여 하나님과 반대 방향으로 나아가기를 원할 뿐 아니라, 하나님의 말씀에 따르는 순종의 삶을 거부한다. '육체'가 사람의 뜻으로 사용될 때는 하나님의 법에 굴복할 수 없는 죄인을 상징한다.

그리스도인들은 거듭날 때, '신성한 성품'이 주어졌다 (벧후 1:4). 두말할 필요도 없이 그 성품은 성령의 내주로 인해 주어졌다. 그렇게 신성한 성품을 선물로 받았는데도 여전히 하나님의 말씀이 제시하는 만큼 거룩하게 살지 못하는데, 그 이유는 그 육체 안에 내재하는 죄의 성품 때문이다. 그 성품은 아담이 물려준 것으로, 그리스도인들로 끊임없이 그들 안에 있는 성령과 반대 방향으로 이끌면서 자기 마음대로 살아가려고 한다.

'육체'는 자신을 중심으로 생각하고, 언행하고, 결정하기를 원한다. 그런 모습은 거듭나지 못한 불신자들만이 아니라, 물과 성령으로 거듭나서 성령의 인치심을 받은 그리스도인들에게도 나타난다. 그렇게 '육체'가 이끄는 대로 끌려갈 때, 그들의 마음속에는 심한 갈등이 생긴다. 그 갈등은 두말할 필요도 없이 그들 속에 내주하시는 성령이 기뻐하지 않으면서 '근심하기' 때문에 일어난다 (엡 4:30).

그런 갈등은 '고상한 갈등'이다! 하나님의 뜻대로 살지 못하면서 갈등하다니 얼마나 고상한가? 불신자들은 하나님의 뜻은커녕 기회가 생기면 주저하지 않고 죄를 범하면서 쾌감을 느낀다. 얼마나 다른가! 그렇게 하나님의 뜻대로 살지 못하면서 고상한 갈등에 빠진 그리스도인들은 그래도 훌륭하다. 그런데 그리스도인들이라도 오랫동안 하나님의 뜻과 상관없는 삶을 영위하면, 마침내 갈등조차도 하지 않게 된다. 죄에 대해 무감각해졌기 때문이다 (엡 4:19).

바울 사도가 갈라디아 교인들을 꾸짖으며 열거한 죄들을 보면 사뭇 놀랍다. "육체의 일은 분명하니; 곧 음행과 더러운 것과 호색과, 우상 숭배와 주술과, 원수 맺는 것과 분쟁과 시기와 분냄과 당 짓는 것과 분열함과 이단과 투기와, 술 취함과 방탕함과, 또 그와 같은 것들이라. 전에 너희에게 경계한 것 같이 경계하노니 이런 일을 하는 자들은 하나님의 나라를 유업으로 받지 못할 것이요" (갈 5:19-21). 그들은 성적으로, 영적으로, 관계에서, 술에서, 찌들어 있다.

2) '성령'

'육체'로 태어나서 '육체'만을 위해 사는 허무한 인생을 예수 그리스도의 구속적 죽음을 통해 구원하신 하나님의 은혜는 말할 수 없이 크고 넓다. 그렇게 구원받을 때 구원의 확신을 위하여 그리고 새로운 신분의 상승을 위하여 성령이 그리스도인들의 마음 안으로 들어오셨다. 그 성령의 내주 때문에 그리스도인들의 삶의 목적과 방법과 목적지가 완전히 바뀌었다. 그런데 인격자이신 성령은 그들의 삶을 인도하고, 지도하고, 그리고 충만하게 하기를 원하신다.

다른 말로 해서, 성령도 역시 욕구가 있으시다는 말이다. 그 성령의 욕구를 야고보 선생은 이렇게 묘사했다. "너희는 하나님이 우리 속에 거하게 하신 성령이 시기하기까지 사모한다 하신 말씀을 헛된 줄로 생각하느냐?" (약 4:5). 성령이 원하시는 것이 얼마나 많은지 모른다. 그러나 몇 가지만 추려보자. 첫째, 성령은 그리스도인들이 예수 그리스도의 형상을 닮아가기를 원하신다. 그것을 위하여 그들 안에 내주하신 성령이 그들을 도우신다 (고후 3:18).

둘째, 성령은 그리스도인들이 죄를 짓지 않는 삶을 영위하기를 원하신다. 그 원하심이 얼마나 큰지 만일 그들이 죄를 지으면, 그 죄가 아무리 작더라도 즉각적으로 성령은 슬퍼하신다. 그분이 슬퍼하시면 당연히 그리스도인들도 평안하지 않다. 그들이 죄를 지을 때마다 성령이 그들로 갈등하게 하시는 이유는 그들을 진정으로 사랑하시기 때문이다. 그들로 빨리 죄를 자백하고, 그 죄를 버리라고 재촉하는 사랑의 회초리이다.

셋째, 성령은 그리스도인들이 서로 사랑하기를 원하신다. 사랑은 성령의 마음이지만, 동시에 주님의 명령이다. '내가 너희를 사랑한 것 같이 너희도 서로 사랑하라' (요 13:34b). 두말할 필요도 없이 이런 사랑은 무조건적인 사랑이며, 따라서 의지적인 사랑이다. 어떻게 사람이 그런 완전한 사랑을 할 수 있는가?

물론 없다! 그런 사랑은 그들 안에 내주하시는 성령이 도우실 때만 가능하다. 그렇다! 성령은 그리스도인들이 서로 사랑하기를 원하신다.

그리스도인들은 성령의 욕구에 따라서 살려면 필연적으로 하나님의 말씀대로 살아야 한다. 그리고 하나님의 말씀대로 살려면 당연히 그 말씀을 읽고, 암송하고, 묵상하고, 순종해야 한다. 그리고 그 말씀을 토대로 기도해야 한다. 그리스도인들이 기도할 때 성령은 '말할 수 없는 탄식으로' 그들의 기도를 도우신다 (롬 8:26). 그렇게 기도할 때 그들 안에 내주하시는 성령은 하나님의 말씀에 따라, 그리고 성령의 욕구에 따라서 살아가도록 도우신다.

3) 선택의 기로

그리스도인들은 하나같이 두 가지 성품을 가지고 있는데, 이미 언급한 것처럼 죄의 성품과 성령의 성품이다. 그런데 그들이 이 두 성품 사이에 있는 갈등에서 헤어나는 길은 없는가? 물론 길이 있는데, 하나님의 말씀은 그 길을 아무도 오해할 수 없게 분명히 제시한다. 우선, 본문의 처음 문장을 읽어보자. '내가 이르노니, 너희는 성령을 따라 행하라!' 이 말씀은 단순한 묘사가 아니라 분명한 명령이다: '성령을 따라 행하라!'

이 명령을 자세히 살피면 숨은 뜻도 찾을 수 있는데, 곧 성령을 따라 행하지 않을 수도 있다는 것이다. 성령을 따라 행하지 않으면 자연스럽게 죄의 성품을 따를 수밖에 없게 된다. 그러니까 그리스도인들은 백과 흑 가운데 하나를 선택해야 한다는 것이다. 그들이 성령을 따라 행하면, 당연히 성령과 동행하면서 여러 방향으로 인도하신다. 반면, 육체의 소욕을 따르면 성령은 슬퍼하시며, 그리스도인들은 갈등에 빠진다.

바울 사도는 그리스도인들에게 선택의 중요성을 강조하면서, 올바르게 선택하여 '의의 무기로 하나님께 드리라'고 힘주어서 말한다. 그의 말을 직접 인용해보자. "또한 너희 지체를 불의의 무기로 죄에게 *내주지* 말고, 오직 너희 자신을 죽은 자 가운데서 다시 살아난 자 같이 하나님께 *드리며* 너희 지체를 의의 무기로 하나님께 *드리라*" (롬 6:13). 이 말씀에서 그리스도인들의 선택을 강조하는 동사가 세 번 나오는데, 곧 '내주다', '드리다', '드리다'이다.

무엇을 하나님께 드리란 말인가? 두 가지인데, 곧 '너희 자신'과 '너희 지체'이다. 전자는 그리스도인들의 인생 전체를 가리키고, 후자는 몸을 이루고 있는 지체들이다. 그 지체들 가운데는 눈, 입, 손, 발 등 헤아릴 수 없이 많다. 그 지체들을 '의의 무기로 하나님께 드리라'는 명령이다. 예를 들면, 눈이라는 지체를 죄를 위하지 드리지 말고 의를 위하여 드리라는 것이다. 그들의 인격을 사용해서 죄에 연루되지 말고, 의를 선택하라는 것이다.

바울 사도는 그리스도인들에게 과거의 죄된 삶을 상기시키면서 그들의 지체를 의의 종으로 내주면 거룩하게 된다고 말한다. "너희 육신이 연약하므로 내가 사람의 예대로 말하노니, 전에 너희가 너희 지체를 부정과 불법에 내주어 불법에 이른 것 같이, 이제는 너희 지체를 의에게 종으로 내주어 거룩함에 이르라"(롬 6:19). 그렇다! 그리스도인들은 거룩한 삶을 영위해야 하는데, 그 비결은 다름 아닌 '선택'이다.

3. 꼬리

거룩한 삶의 비결은 한 마디로 '선택'이다! 위의 말씀을 다시 인용해보자: '너희 지체를 의에게 종으로 내주어 거룩함에 이르라.' 이미 언급한 것처럼, '내주다'는 선택의 뜻을 포함한다. 그리스도인들이 그들의 지체를 의의 종으로 내주면, 다시 말해서, 선택하면, 거룩함에 이른다는 약속이다. 그러니까 그리스도인들이 매일의 생활에서 인격적으로 '새 사람', 곧 성령의 욕구를 선택하면 거룩하게 된다는 것이다.

하나님은 인간을 인격적으로 창조하셨으며, 그 인간이 거듭날 때, 내주하시는 성령으로 인해 하나님의 뜻대로 결정할 수 있는 능력을 주셨다. 그 능력을 힘입어 그리스도인들이 인격적으로 성령의 욕구, 곧 '새 사람'을 선택할 때, 하나님도 기뻐하신다. 하나님이 기뻐하시기에 그들 안에 내주하시는 성령도 기뻐하신다. 따라서 그렇게 선택한 그리스도인들도 성령이 주시는 기쁨을 만끽하게 된다. 신앙생활에서 매 순간의 선택은 이처럼 중요하다!

2장 성화

"주께서 사랑하시는 형제들아!
우리가 항상 너희에 관하여 마땅히 하나님께 감사할 것은
하나님이 처음부터 너희를 택하사 **성령의 거룩하게 하심**과 진리를 믿음으로
구원을 받게 하심이니,
이를 위하여 우리의 복음으로 너희를 부르사,
우리 주 예수 그리스도의 영광을 얻게 하려 하심이니라"
(데살로니가후서 2:13-14)

1. 머리

앞의 장에서 언급한 것처럼, 그리스도인들이 거룩하게 사는 방법이 있다. 그 방법을 다시 인용해보자. "너희 육신이 연약하므로 내가 사람의 예대로 말하노니, 전에 너희가 너희 지체를 부정과 불법에 내주어 불법에 이른 것 같이, 이제는 너희 지체를 의에게 종으로 내주어 *거룩함에 이르라*" (롬 6:19). 그 방법은 이미 설명한 바와 같이 선택이다. 매 순간 그들의 지체를 의의 병기로 내주는 선택을 해야 한다.

로마서 6장 말씀 '거룩함에 이르라'는 명령에서 거룩은 성화

를 가리킨다. 구태여 차이점이 있다면 '거룩'은 순수한 한글이고 성화^{聖化}는 한자식^{漢字式} 표기로서 '거룩하게 되어가는 과정'을 강조한다. 그렇다면 그리스도인들이 매 순간 의를 선택하면 거룩해지는가? 거룩해지기 위해 한 가지를 더 깨달아야 하는데, 그것은 나의 선택에도 한계가 있다는 사실이다. 그 한계를 바울 사도는 로마서 7장에서 아주 생생하게 묘사했다.

2. 몸

그가 묘사한 경험담을 직접 들어보자. "내가 원하는 바 선은 행하지 아니하고, 도리어 원하지 아니하는 바 악을 행하는도다"(롬 7:19). 그의 삶이 그가 선택한 대로 흘러가서 거룩하게 되지 않는다는 뼈아픈 고백이다. 그 이유는 그의 속사람에 잠재한 죄 때문이라는 그의 고백을 들어보자. "만일 내가 원하지 아니하는 그것을 하면 이를 행하는 자는 내가 아니요, 내 속에 거하는 죄니라"(롬 7:20).

1) 성화의 방편
바울 사도가 선택을 통해 거룩하게 되지 못한다는 고백과 더불어 성경이 제시하는 성화의 방편을 알아보자. 성화의 방편은 이중적인데, 하나는 성령이고 또 하나는 그리스도인들 자신이다. 본문에는 **성령의 거룩하게 하심**이 포함되어 있는데, 성령이 성화의 방편이라는 것이다. 베드로도 이렇게 전했다. "곧 하나님 아버지의 미리 아심을 따라 **성령이 거룩하게 하심**으로 순종함과 예수 그리스도의 피 뿌림을 얻기 위하여 택하심을 받은 자들…"(벧전 1:2).

바울 사도는 이처럼 성화를 일구시는 분은 성령 하나님이시지만, 성부 하나님과 성자 하나님도 역시 같은 역사를 이루신다고 했다. "평강의 하나님이 친히 너희를 온전히 *거룩하게 하시고* 또 너희의 온 영과 혼과 몸이 우리 주 예수 그리스도께서 강림하실 때에 흠 없게 보전되기를 원하노라"(살전 5:23). "그리스도께서 교회를 사랑하시고 그 교회를 위하여 자신을 주심 같이 하라. 이는 곧 물로 씻어 말씀으로 깨끗하게 하사 *거룩하게 하시고*"(엡 5:25-26).

이처럼 그리스도인들을 거룩하게 하시는 분은 삼위의 하나님이시다. 그러나 그들이 수동적으로만 있어도 아니 되는데, 그들도 거룩해야 한다는 명령을 받기 때문이다. "오직 너희를 부르신 거룩한 이처럼 너희도 모든 행실에 *거룩한 자가 되라*"(벧전 1:15). 그리스도인들은 거룩한 삶을 영위하면서 '모든 행실에 거룩해야 한다.' 주변의 사람들에게 그들이 하나님의 백성답게 다르다는 것을 보여주라는 명령이다.

거룩한 삶은 주변의 사람들에게 보여주기 위함만이 아니다. 그리스도인들이 주님을 만나기 위해 반드시 거룩해야 한다는 것이다. 그에 관한 말씀을 인용해보자. "모든 사람과 더불어 화평함과 *거룩함을 따르라*; 이것이 없이는 아무도 주를 보지 못하리라" (히 12:14). 이 말씀에서 너무나 충격적인 경고가 있는데, 곧 '이것이 없이는 아무도 주를 보지 못하리라'이다. '이것'은 앞에 나오는 '거룩함'을 뜻하는데, 거룩하지 못하면 주님을 볼 수 없다는 것이다.

결국, 성화는 삼위 하나님의 역사지만 동시에 그리스도인들의 결단이다. 이처럼 위와 아래를 동시에 아우르는 말씀이 있는데, 인용해보자. "그러므로 나의 사랑하는 자들아…항상 복종하여 두렵고 떨림으로 너희 구원을 이루라. 너희 안에서 행하시는 이는 하나님이시니 자기의 기쁘신 뜻을 위하여 너희에게 소원을 두고 행하게 하시나니" (빌 2:12-13). 하나님이 친히 행하시지만, 그리스도인들도 '너희의 구원,' 곧 성화를 이루어야 한다는 것이다.

2) 성령 충만

그리스도인들이 거룩한 삶을 살려고 부단히 노력하지만, 노력만으로는 어려운가 보다. 바울 사도조차도 그 안에 잠재해 있는 죄의 성품으로 인해 '원하는 것은 하지 못하고 도리어 미워하는 것을 행했으니' 말이다 (롬 7:15). 그들 안에 계신 성령은 그들을 도와서 거룩히 살게 하실 수 없는가? 물론 있다! 그러나 문제가 있는데, 비록 성령이 그들 안에 내주하시지만, 그들을 좌지우지할 만큼 막강하지 않다는 것이다.

　물론 성령은 막강하신 절대자 하나님이시다. 그러나 그리스도인들이 그분에게 전권을 드리지 않으면서 그분을 무서울 정도로 제한하고 있다. 성령이 그들 안에 내주하시는 목적 가운데 하나는 그들을 통치하고 지배하기 위해서이다. 만일 그들이 성령에게 통치권을 드린다면, 그 성령은 그들의 사고와 언행과 삶의 방향을 주님의 뜻대로 인도하신다. 그렇게 될 때만 그리스도인들은 하나님이 원하시는 대로 거룩한 삶을 영위할 수 있게 된다.

　베드로의 삶을 보면 성령 충만해야 거룩하고 능력 있는 삶을 살 수 있다는 사실을 확인할 수 있다. 그는 거룩하기는커녕 연약했으며, 주님을 부인했으며, 부활하신 주님을 만난 후에도 다른 제자들과 물고기를 잡으러 갔다 (요 21:1-3). 그러나! 그가 성령 충만을 경험하자, 그는 거룩과 능력을 겸비한 그리스도인이 되었다. 그는 한 번만 성령으로 충만한 것이 아니라, 반복적으로 거듭거듭 충만을 경험했다 (행 2:4, 4:8, 31).

　성령의 충만을 경험한 바울 사도는 어떤 그리스도인도 그 경험 없이는 거룩하며 능력 있는 삶을 영위할 수 없다는 것을 너무나 잘 알고 있었다 (행 9:17). 그런 이유로 모든 그리스도인이 성령으로 충만하지 않으면 안 된다고 강력하게 명령했다. "술 취하지 말라 이는 방탕한 것이니, 오직 성령으로 충만함을 받으라" (엡 5:18). 바울 사도는 그의 서신에서 많은 명령을 포함했지만, '오직 성령으로 충만함을 받으라'는 명령만큼 중요한 것은 없을 것이다.

그 이유는 간단한데, 어떤 그리스도인도 성령으로 충만함을 받지 못하면 거룩한 삶은커녕, 성경적인 삶도, 능력 있는 삶도, 살 수 없기 때문이다. 달리 표현하면, 정상적인 신앙생활을 할 수 없다! 그런데 성령 충만의 경험은 일회적인 것이 아니라, 반복적인 경험이다. '오직 성령으로 충만함을 받으라'는 명령은 끊임없이, 하루도 거르지 말고, 충만함을 받으라는 명령이다. 그렇지 않으면, 누구도 거룩한 정상적인 그리스도인다운 삶을 살 수 없기 때문이다.

3) 충만의 열매

성령으로 충만함을 받은 그리스도인들은 당연히 주님의 영광을 위해 산다. 성령의 강림은 그리스도의 영광을 드러내기 위함이다. "그[보혜사]가 내 영광을 나타내리니 내 것을 가지고 너희에게 알리시겠음이라"(요 16:14). 따라서 성령의 지배를 받는 그리스도인은 예수 그리스도의 영광을 위해 사고하고, 언행하며, 결정한다. 달리 말하면, 성령으로 충만함을 받은 그리스도인은 삶 자체가 주님의 영광을 위한다.

주님의 영광을 위한 삶은 많이 있지만, 이 장에서는 구체적으로 세 가지만 제시하겠다. 첫째, 성령의 충만한 그리스도인은 '거룩한 삶'을 영위한다. 거룩한 삶은 이미 언급한 것처럼 소극적으로는 죄를 짓지 않으며, 적극적으로는 다른 그리스도인들을 조건 없이 사랑한다. 그는 주님과 기도를 통해 깊은 교제를 나눈다. 그뿐 아니라, 그는 주님의 말씀에 깊이 들어간다. 그에게 주어진 십자가를 짊어지고 성령이 인도하시는 곳으로 어디든지 간다.

둘째, 성령으로 충만함을 받은 그리스도인은 '섬기는 삶'을 산다. 섬긴다는 것은 다른 사람들의 종이 된다는 것을 의미할 수 있다. 예수 그리스도가 창조주요 구속자이신데도, 다른 사람들을 종처럼 섬기신 것을 뜻한다는 말이다. "인자가 온 것은 섬김을 받으려 함이 아니라, 도리어 섬기려 하고 자기 목숨을 많은 사람의 대속물로 주려 함이니라"(막 10:45). 섬기는 삶이란 다른 사람들의 필요를 채워주며, 그들의 마음을 보듬어주는 차원 높은 삶이다.

셋째, 성령으로 충만함을 받은 그리스도인은 '증인의 삶'을 산다. 예수 그리스도의 제자들이 성령의 충만을 경험하자 주변의 불신자들에게 말씀을 전한 것처럼 말이다. "빌기를 다하매 모인 곳이 진동하더니 무리가 다 *성령이 충만하여*, 담대히 하나님의 말씀을 전하니라"(행 4:31). 모든 그리스도인이 이처럼 증인의 삶을 살아서 죄인들이 회개하고 예수 그리스도를 받아들이면, 주님은 얼마나 큰 영광을 받으시겠는가(요 15:8)?

이 세 가지 열매는 그리스도인의 삶 전체를 망라한다. 개인적으로 거룩한 삶을 살고, 교회적으로 다른 그리스도인들을 섬긴다. 그들이 교회에서 예배도 드리고, 그리고 서로 섬기는 삶을 산다니 얼마나 가치 있는 삶인가! 그러나 그리스도인들은 교회에만 머물러 있을 수 없다. 그들은 세상으로 나아가야 한다. 그세상은 가정일 수도 있고, 직장일 수도 있다. 어느 곳이든 그곳에서 만나는 사람들에게 복음을 전할 수 있다.

3. 꼬리

본문 중에 이런 말씀이 있다. '진리를 믿음으로 구원을 받게 하심이니.' 이 말씀에 포함된 '구원'은 그렇게 간단하지 않다. 죄인이 회개하고 구주를 믿을 때, 그는 구원받는다. 그 구원은 영적 구원이며 동시에 과거에 경험한 구원이다. 그렇게 영적으로 구원받아 그리스도인이 된 사람은 거룩하게 살아야 한다. 그런 거룩한 삶은 현재의 삶이지만 동시에 삶의 구원이다. 언젠가 주님이 재림하실 때, 그는 몸이 변화되는데, 물론 미래에 일어날 구원이다.

성화는 현재의 구원을 강조하는 표현이다. 현재의 삶에서 거룩하게 살아가야 하는 그리스도인은 성령의 충만으로 이미 거룩하게 되었든지, 아니면 매일매일 조금씩 변화하는 성화의 과정에 있든지 둘 중 하나이다. 성화는 과거의 '영적 구원'과 미래의 '구원의 완성'을 연결해주는 가교이다. 이처럼 성령으로 충만하여 거룩하게 된 그리스도인도 적잖다. 그런 경험을 성결이라고 하는데, 교회에는 성결한 그리스도인이 여기저기에 존재한다. 성령의 역사 때문이다!

3장 영화

1. 머리

고린도의 그리스도인들은 구원받는 순간 이미 거룩해졌으며, 거룩해진 성도로 불렸다. "고린도에 있는 하나님의 교회 곧 그리스도 예수 안에서 *거룩하여지고* 성도라 부르심을 받은 자들…" (고전 1:2a). 이것은 과거적이며 신분상의 거룩(positional sanctification)이다. 주님의 안목에는 그들이 세상 사람들로부터 불러냄을 받은 하나님의 거룩한 자녀들이다. 그러나 그들은 현재의 삶에서 거룩해지지 않으면 안 되는데, 너무나 문제가 많기 때문이다.

그런 까닭에 바울 사도는 그리스도인들에게 거룩해지라고 강력하게 권면한다. "그런즉 사랑하는 자들아 이 약속을 가진 우리는 하나님을 두려워하는 가운데서 *거룩함을 온전히 이루어* 육과 영의 온갖 더러운 것에서 자신을 깨끗하게 하자"(고후 7:1). 그것은 현재 삶의 현장에서 일어나야 할 거룩으로, 점진적인 거룩(progressive sanctification)이라고 불린다. 그 과정에서 성령의 충만을 경험하여 의도가 순수해지는데, 그것은 온전한 거룩(entire sanctification)이라고 한다.

2. 몸

의도가 순수해도 몸을 가지고 있는 동안에는 많은 제약이 있으며, 그 몸이 온전히 변화되어야 구원이 완성된다. 바울 사도의 말이다. "…그리스도 예수를 죽은 자 가운데서 살리신 이가 너희 안에 거하시는 그의 영으로 말미암아 너희 죽을 몸도 살리시리라"(롬 8:11). '죽을 몸이 산다'는 것은 몸이 온전히 변화된다는 뜻이다. 그때 모든 면에서 거룩하게 될 것인데, 절대적 거룩(absolute sanctification)이라고 한다. 그렇게 절대적으로 완전해진 모습을 **영화**라고 한다.

1) 변화된 몸

본문은 사도 요한이 성부와 성자 하나님이 계신 곳으로 들려가는데, 그를 그곳으로 데려간 분은 성령 하나님이시다. 그의 안에 내주하시던 성령이 그를 영화롭게 변화시켜서 영화로우신 하나님의 존전으로 데려가신 것이다. 사도 요한이 이 세상에 있던 몸이 영광의 몸으로 변화된 것이다. 죄의 성품이 있는 인간은 하나님 앞으로 나아갈 수 없기에, 그는 절대적으로 거룩하신 하나님을 직접 뵐 수 있도록 절대적으로 거룩해진 것이다.

사도 요한은 예수 그리스도가 부활하시어 완전한 몸으로 변화하신 것처럼 부활의 몸을 입은 것이다. 사도 바울이 증언한 대로 그분처럼 변화된 것이다. "그[예수 그리스도]는 만물을 자기에게 복종하게 하실 수 있는 자의 역사로, 우리의 낮은 몸을 자기 영광의 몸의 형체와 같이 변하게 하시리라"(빌 3:21). 그렇다! 그분이 십자가에서 구속의 죽음을 마다하지 않으신 이유는 사람들의 죄만 용서하시기 위해서가 아니라, 그들의 몸도 변화시키기 위해서였다.

바울 사도는 그리스도인들이 부활의 몸으로 변화되는 모습을 생생하게 묘사한 바 있는데, 그의 말을 직접 들어보자. "죽은 자의 부활도 그와 같으니 썩을 것으로 심고 썩지 아니할 것으로 다시 살아나며, 욕된 것으로 심고 영광스러운 것으로 다시 살아나며, 약한 것으로 심고 강한 것으로 다시 살아나며, 육의 몸으로 심고 신령한 몸으로 다시 살아나나니, 육의 몸이 있은즉 또 영의 몸도 있느니라" (고전 15:42-44).

몇 가지로 변화되는 모습이 묘사되었는데, 첫째 모습은 '썩을 것으로 심고 썩지 아니할 것으로 다시 살아나며'이다. '썩지 않는' 모습은 몸이 더는 늙거나 죽지 않기에, 질병과 고통에서 해방되었다는 것을 뜻한다. 둘째 모습은 '욕된 것으로 심고 영광스러운 것으로 다시 살아나며'이다. 현재의 몸은 썩어지는 욕된 것이지만, 부활의 몸은 썩지 않는, 그래서 불멸의 몸으로 바뀐다는 것이다. 그 불멸의 몸은 주님의 몸처럼 영광스럽기만 하다.

셋째 모습은 '약한 것으로 심고 강한 것으로 다시 살아나며'이다. 현재의 몸은 너무나 약해서 죄와 유혹에 쉽게 넘어가지만, 부활의 몸은 그런 죄와 유혹과는 상관없는 영화로운 몸이다. 넷째 모습은 '육의 몸으로 심고 신령한 몸으로 다시 살아나나니'이다. 육의 몸은 동물적인 몸으로, 먹고 마시며 부패하다가 죽는다. 반면, 신령한 몸이란 비록 몸은 여전히 존재하지만, 그렇다고 부패하거나, 병들거나, 죽는 몸이 아닌 영원한 몸이다. 그런 몸으로 변화된다!

2) 영원한 몸

한 번은 사두개인이 예수님께 이런 어려운 질문을 했다. 한 여자를 차례로 아내로 취한 일곱 형제 가운데 부활 때, 누가 그 여자를 취하겠느냐고 이렇게 물었다: "일곱이 다 그를 아내로 취하였으니 부활 때에 그 중에 누구의 아내가 되리이까?"(눅 20:33). 두말할 필요도 없이 그렇게 질문한 동기는 그분을 책잡기 위함이었다. 예수님은 그의 간계를 아시면서 대답하셨는데, 그 대답 중에 '영원한 몸'에 대한 내용이 들어있었다.

예수님의 대답이다: "이 세상의 자녀들은 장가도 가고 시집도 가되, 저 세상과 및 죽은 자 가운데서 부활함을 얻기에, 합당히 여김을 받은 자들은 장가 가고 시집 가는 일이 없으며, 그들은 다시 죽을 수도 없나니 이는 천사와 동등이요 부활의 자녀로서 하나님의 자녀임이라"(눅 20:34-36). 부활 후에는 하나님의 자녀는 결혼도 하지 않을 뿐 아니라, 죽지도 않고 영원히 살게 된다는 말씀이다.

바울 사도는 부활의 몸에 대해 이렇게 말한 적이 있었다. "형제들아 내가 이것을 말하노니, 혈과 육은 하나님 나라를 이어 받을 수 없고, 또한 썩는 것은 썩지 아니하는 것을 유업으로 받지 못하느니라"(고전 15:50). 이 말씀에서 '혈과 육'은 하나님의 나라를 받을 수 없다고 했는데, 그 말은 부활의 몸은 살과 피로 이루어진 생명이 아니라는 뜻이다. 그리스도 예수처럼 부활의 몸으로 변화하기에 더는 이 세상에서 가졌던 육체가 아니라는 것이다.

살은 하나님이 첫 인간 아담을 만드실 때 사용하신 재료였다. 그 살은 흙이었는데, 그 흙으로 살을 만드셨다. 그리고 피를 넣어주셨는데, 피가 없으면 사람이 아니기 때문이다. 히브리어로 피는 *담*(םד)인데, 아담의 이름에 피가 포함되어 있다. 그것은 아담이 창조될 때, 살로만 아니라 피로 생성되었다는 사실을 알려준다. 그런데 아담이 물려준 살과 피로는 하나님의 나라를 받을 수 없는데, 죄로 인해 더러워졌기 때문이다.

그 살과 피는 결국 썩을 수밖에 없다. 당연히 '혈과 육은 하나님의 나라를 이어 받을 수 없다.' 그 살과 피는 정화되어야 하는데, 그 정화를 위해 예수 그리스도의 살과 피가 십자가에서 찢어지고 쏟아졌다. 그리고 죽은 지 삼일만에 다시 살아나셨을 때, 새롭고 변화된 몸으로 부활하셨다. 그분의 죽음과 부활을 받아들인 그리스도인들도 역시 그분처럼 새롭고 영원한 몸으로 부활하여, 영화로운 몸이 될 것이다.

3) 완전한 교제

예수 그리스도가 십자가의 고통을 감수하신 목적은 죄인들을 구원하시기 위해서였다. 구원하신 목적은 깨어진 하나님과의 교제를 회복하기 위함이었다. 그 교제를 위해 성령은 구원받은 그리스도인들의 마음 안에 내주하셨다. 그렇게 내주하신 성령으로 인해 이중적인 교제가 이루어졌는데, 위로는 삼위일체의 하나님이고 아래로는 다른 그리스도인들이다. 아담으로 인해 깨어진 교제가 마지막 아담이신 예수 그리스도로 인하여 다시 이루어진 것이다.

사도 요한은 이런 이중적인 교제를 그의 서신에서 분명히 밝

했다. "우리가 보고 들은 바를 너희에게도 전함은 너희로 우리와 사귐이 있게 하려 함이니, 우리의 사귐은 아버지와 그의 아들 예수 그리스도와 더불어 누림이라"(요일 1:3). '너희'와 '우리' 사이에 막힌 담이 그리스도의 육체로 헐고 하나로 만드셨다. "그는 우리의 화평이신지라 둘로 하나를 만드사 원수 된 것 곧 중간에 막힌 담을 자기 육체로 허시고"(엡 2:14).

이 세상에서도 그리스도인들이 나누는 교제는 참으로 정겹다. 그들은 배경이 전혀 다른 데도 예수 그리스도 안에서 형제자매가 되어 삶과 시간과 물질을 나누는 교제를 누린다. 많은 경우 친 형제자매보다 더 가깝게 느껴지기도 한다. 그런데 그런 형제자매가 삼위일체의 하나님을 중심으로 교제를 나누다니 얼마나 놀라운가! 그 교제에는 인간의 한계와 성격의 차이를 초월한 흠이 없고도 영원한 교제가 있다.

그리스도인은 온전해진 기억력을 활용하여 이 세상에서 알던 다른 그리스도인들과 교제를 즐길 뿐 아니라, 실제로 만난 적이 없던 그리스도인들과도 교제를 즐기게 된다. 예를 들면, 모세와 아론, 엘리야와 엘리사, 베드로와 바울, 에녹과 요한 등 수많은 존귀한 신앙의 선배들과 교제를 나누게 될 것이다. 그때 궁금했던 많은 것이 눈 녹듯 녹아버릴 것이다. 이런 교제를 가능하기 위해 하나님은 당신의 독생자를 희생시키셨다.

그때 기쁨의 교제가 여러 모양으로 있을 터인데, 그 가운데는 전도자와 피전도자의 교제도 있다. 피전도자들은 그들을 이처럼 영화로운 교제로 인도해준 전도자와 교제하게 된다. 얼마나 반가우며 또 얼마나 고맙겠는가! 그런 마음을 바울 사도는 이렇게 표현했다. "우리의 소망이나 기쁨이나 자랑의 면류관이 무엇이냐? 그가 강림하실 때 우리 주 예수 앞에 너희가 아니냐? 너희는 우리의 영광이요 기쁨이니라"(살전 2:19-20).

3. 꼬리

구원의 역사를 위해 예수 그리스도가 십자가에서 죽으신 것과 사흘 후의 부활도 놀라운 역사이다. 그러나 불신자들에게 죄를 일깨워주고, 책망하고, 회개하고, 믿게 하신 성령의 역사도 못지않게 놀랍다. 그 성령은 그들 안에 내주하시면서 그들을 한 걸음씩 인도하셨다. 그리고 마침내 그 성령의 역사로 그들의 몸이 영화롭게 변화된 것도 놀랍다. 그 성령이 임하시고 역사하지 않으셨다면, 누가 구원을 받을 수 있으며 신앙의 삶을 영위할 수 있겠는가?

예수 그리스도는 구원을 위한 사역을 완수하시고 떠나셨지만, 그분 대신 오셔서 그리스도인들과 함께하신 성령의 역사와 은혜는 참으로 길고도 깊다. 그 성령은 한 번도 그리스도인들을 떠나신 적이 없다. 그들이 갈등할 때 함께하셨고, 그들이 기쁠 때도 함께하셨다. 그리고 마침내 예수 그리스도가 다시 오실 때, 성령은 그들의 몸을 영화로운 몸으로 변화시켜서 그 주님은 물론 다른 그리스도인들과 영원한 교제의 기쁨을 누리게 하신다. '구원을 위한 성령의 역할'은 참으로 놀랍고 굉장하다!

Bernard, David K. *The Role of the Holy Spirit in Justification.*

Brown, Colin, 편집. *The New International Dictionary of New Testament,* 제1권. A. C. Thieselton의 "Flesh."

Calvin, John. *Commentary on the Epistles of Paul the Apostle to the Corinthians.*

Clarke, Adam. *Clarke's Commentary on the First Corinthians.*

Elwell, Walter A., 편집. *Evangelical Dictionary of Theology.* F. H. Klooster의 *"Internal Testimony of the Holy Spirit."*

Graham, Billy. *The Holy Spirit.*

Hoekema, Anthony A. *Saved by Grace.*

Humphreys, A. E. *Timothy & Titus of The Cambridge Bible for Schools and Colleges.*

Kittel, Gerhard, 편집. *Theological Dictionary of the New Testament.* 제3권. Geoffrey W. Bromiley 번역. Friedrich Baumgärtel의 "καρδια."

_____. Albert Hauck의 "κοινωνια."

Meyer, A. W. Heinrich. *Critical and Exegetical Commentary on the New Testament.*

Owen, John. *The Holy Spirit: His Gifts and Power.*

Walvoord, John. *The Holy Spirit at Work Today.*

Wiley, H. Orton. *Christian Theology*, 제2권 및 제3권.

Winslow, Octavius. *The Work of the Holy Spirit.*

홍성철.　　『거룩한 삶, 사랑의 삶: 요한일서 강해』

_____.『불타는 전도자 존 웨슬리』

_____.『성령의 시대로!: 오순절 · 복음 · 교재』

_____.『어린 양과 신부: 새롭게 접근한 요한계시록』

_____.『예수 그리스도의 피』

_____.『유대인의 절기와 예수 그리스도』